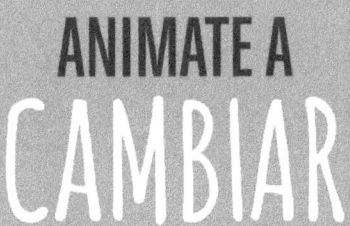

ANIMATE A
CAMBIAR

ARIEL CASTIGLIONI **MARIANO VINOCUR**

HÁBITOS Y METODOLOGÍAS PARA
IMPLOSIONAR CONSCIENTEMENTE

ANIMATE A CAMBIAR

HÁBITOS Y METODOLOGÍAS PARA IMPLOSIONAR CONSCIENTEMENTE

Copyright © 2020
Mariano L. Vinocur y Ariel H. Castiglioni
Todos los derechos reservados.

Diseño de Tapa de Tomás Castiglioni

ISBN: **9798662805668**

Mariano Vinocur - Ariel Castiglioni
42.113 palabras

Contenidos

Prólogo 7

Palabras de los Autores 11

Avisos a tener en cuenta antes de leer este libro .. 15

Introducción 17

Parte 1: Psicología del Emprendedor-Empresario y su relación con el Cambio 21

¿Qué tiene de especial el emprendedor? ¿Cuál es la relación entre emprender y ser empresario? 23

   Características psicológicas de un emprendedor 24
   Sus habilidades, actitudes y conductas frente al cambio 26
   Habilidad para la creación colaborativa 27
   Habilidad de espera activa 27
   Cambio como vehículo de crecimiento, de emprendedor a empresario 31

Parte 2: El Cambio que manejás 35

El Cambio con Propósito 37

   La importancia de tener un propósito 37
   Determiná tu propósito 39
   El cambio con propósito o dejar algo fijo mientras todo cambia
   41

Anclas 42
El cambio con propósito es una elección 45

Los 5 pasos para el Cambio 47

Primer paso: Finalidad 47
Segundo paso: Foco 53
Tercer paso: Decisión 61
Cuarto paso: Determinación 67
Quinto paso: Ejecución 74

PARTE 3: El Cambio que no manejás 79

Lo controlable y lo no controlable 81
La realidad de hoy, año 2020 plena pandemia por COVID-19 81

Significado y origen del cambio radical 83

Motivaciones para el Cambio Radical 86
De la sublimación al emprendimiento creativo 87
Moraleja: ¡no más excusas por favor! 91

Fases del Cambio Radical 93

Fase 1 - Implosión 93
Fase 2 - Explosión 101

¿Quiero realmente explotar? 105

Modelo ADKAR 108
Implosionar Bien, Implosionar Mal 113
Explotar Bien, explotar Mal 114

Psicología de la Implosión y del Estrés 119

Implosión y estrés 119
Hablemos del estrés 120
Implosión del estrés 122
El estrés y la implosión como potenciadores de cambios ..123
Gestión del estrés 125
Implosión controlada 128
Estrés positivo y estrés negativo 134

PARTE 4: Kit herramental y casos de éxito frente al Cambio 137

Kit Herramental 139

Pensamiento Exponencial 140
El Propósito Transformacional Masivo 155
Pensamiento Agile 158
Casos de éxito "en gestación" 165
    Ágora global   165
    WAI – Change Riders   168
    VICO Wine Bar   172

Epílogo 177

Sobre los Autores 179

Agradecimientos 185

Palabras de colegas y amigos 193

Prólogo

Pocas cosas son tan claras para quien emprende como la coexistencia con el cambio. Lanzarse a un nuevo proyecto —tanto personal como profesional— es en esencia alterar el statu quo y aspirar a transformar la realidad. En teoría, hacia donde uno imagina y sueña. En rigor, es decir en la práctica, hacia donde el futuro finalmente define. Porque el futuro, es siempre incierto. Y en la vida las oportunidades son de aquellos que tienen el coraje para tomarlas.

Cambiar tiene tanto de emprender, como emprender de cambiar. Se tratan de procesos y viajes plagados de desafíos, temores, tropiezos, satisfacciones, dolores, reconocimientos. Emprender no es para cualquiera. O, mejor dicho, cualquiera puede emprender, pero no todos pueden hacerlo con éxito. El miedo al fracaso sobrevuela a aquellos flojos de espíritu o convicciones o parafraseando al libro, aquellos que arremeten sin un propósito definido. Por más que las cicatrices del fracaso se transformen, al poco tiempo, en los mejores aprendizajes del mañana.

Pero en estos volátiles tiempos de la renovada dinámica de nuestra sociedad, existe una altísima chance que todos nosotros, en algún momento, debamos emprender. Entonces, ¿cuándo es el momento adecuado para hacerlo? ¿La prueba empírica que los emprendedores me compartieron? No existe un momento ideal. De joven, a mitad de carrera o ya más mayor, con carreras aplomadas y sólidas, los casos son variados, con éxitos y traspiés por igual.

Entonces, si el abrazar el cambio es lo que nos permite emprender, y todos de una manera u otra, más tarde o más temprano, vamos a emprender y a CAMBIAR… pues bien, ¡que sea cuanto antes! Apurate a emprender o hacelo lento y bien, pero ¡CAMBIÁ ALGO!

Arriesgá, equivocate, aprendé, crecé hacia una nueva realidad. De eso se trata este libro, de animarse a cambiar, y de lograrlo.

Ahora, no todas las personas buscan cambiar. El temor, la incapacidad, los mandatos, el desconocimiento, las certezas, la historia o la tranquilidad de lo conocido predominan fuertemente en algunos individuos. Y eso inhibe entonces, parte del proceso potencial de cambio. Pero el cambio también es evolución, desarrollo, pequeñas conductas nuevas, hábitos, transformación paulatina, mejora continua, crecimiento.

Claro está, lejos de ser un sendero de rosas, llano y diáfano. ¿Cómo desandar pues este turbulento y ambiguo proceso? Este libro ofrece herramientas para un enorme insight sobre cómo lograrlo. Es una guía, con pasos, preguntas, desafíos; y provee un método que ayuda a confiar para enfrentar las inevitables adversidades e intentar controlar lo incontrolable. Alternativamente, con un socio o compañero que aporte complementariedad se puede, al menos Mariano y Ari lo demuestran en sus trayectorias de vida emprendedora y en este libro. Que uno ofrezca las competencias que al otro le faltan y que en el otro abundan las que al primero le escasean. Que contribuya directamente a repartir el esfuerzo, especialmente al inicio, donde el destino final es aún incierto y lejano.

¿Por dónde pasa entonces la clave de quienes se animan a cambiar? ¿Qué los sostiene cuando las olas sacuden la confianza y agigantan las dudas? ¿Cómo mantenerse firme ante una seguidilla de reveses y temblores? Para quien suscribe, pocas respuestas asoman tan claras.

Este libro y yo coincidimos en algo fundamental: Sin pasión y propósito no existe futuro para quien decide cambiar. Encontrar un sentido a la tarea de cada día, a nuestro rol de cada jornada es innegociable. En el ámbito laboral, nadie puede sostener un alto desempeño y compromiso, durante un período prolongado, haciendo algo que no le gusta. Sencillamente, no funciona. Por el contrario, quien encuentra pasión y propósito en lo que hace, no sólo lo disfruta más, sino que lo realiza mejor. Por ende, su performance es superior, es reconocido, crece y probablemente será mejor retribuido.

Eso es lo que nos enseña este muy ameno y profundo libro. Algo que parece tan simple pero muchas veces es muy complejo: cómo cambiar lo que necesitamos cambiar para lograr nuestros sueños y ser nuestra mejor versión. El libro es una genial guía de viaje hacia nuestro interior y así encontrarnos con nuestras voces y deseos más profundos, activar lo consciente, navegar lo inconsciente, implosionar en busca de nuestras propias verdades y certezas y finalmente explotar en nuestra mejor versión.

En los últimos diez años he podido conocer y conversar con muchos emprendedores y de todos los estilos, exitosos, humildes, soberbios, histriónicos, locales, globales, jóvenes, mayores, argentinos, europeos; un amplio abanico de perfiles y competencias. Empero —y asombrosamente para mí— todos compartieron una misma premisa: nunca el dinero fue su primera motivación para iniciar el camino. Y sí, coincidieron en el faro: la *pasión. Ese fuego interno que es el propósito final para lanzarse a la aventura, a lo incierto, al futuro, donde las certezas son pocas y la satisfacción apenas una tenue luz en el horizonte. Lo único cierto, al fin y al cabo, es que las cosas ya no serán como eran antes. Por eso me sumo y te sumo a la propuesta de este libro:*

¡Animate a cambiar!

Matías Ghidini
General Manager de GhidiniRodil
Autor del libro, Mi Trabajo Ahora
Profesor UBA
Conductor Humanos con Recursos, FM Milenium 106.7

Palabras de los Autores

Este libro es un viaje al interior. No solamente en lo que hace al recorrido que pueda hacer el lector, a su experiencia, a sus posibilidades de implosionar a partir de la lectura, de los ejercicios, de sus respuestas a las preguntas por nosotros desarrolladas en el devenir de los capítulos, sino que también es un viaje a nuestro interior en forma de retrospectiva para aprender y desde las bases explotar, o volver a resurgir, a partir de un camino que parecía olvidado.

Ese camino, por mí mismo olvidado a veces, es el de la psicología, el de Mariano Vinocur como Psicólogo. Además del Consultor, el empresario, el asesor, el comerciante, el escritor, el sibarita, Mariano el psicólogo es el que vuelve a su interior en este libro, se recarga, reaparece e intenta explotar apoyado en varias lecciones aprendidas del pasado, pero, sobre todo, con el impulso energético de la crisis COVID-19, cuarentena mediante.

La asociación con Ariel en la creación de este libro fue clave, como lo fue asociarme con Nicolás Fischetti Tobar en WAI. Sin ellos estos proyectos hubieran sido como yo sin mi familia, sin mis hijos, Justo y Renata, sin mi mujer Ailen. Esta forma de vida "asociativa" es la que me ha permitido y ayudado a ser quien soy hoy. ¿Quién escribiría este libro sino pudiese reflexionar acerca de quién fui, y quién estoy siendo durante la pandemia mundial por COVID-19?

Este libro habla sobre los desafíos del cambio, y, como debe ser, el primer desafío que afronto es el mío propio, mi cambio personal. Desde mis fuertes raíces y desde mi mirada curiosa, es desde donde puedo ver la oscuridad de algunas cosas, la claridad de otras, y un expectante futuro siempre alentador.

Mariano

… … … … … … … … … … … ..

Ser parte de este libro es un regalo que no esperaba. Gracias por ello Mariano, gran amigo y profesional del oficio de transformar organizaciones. Recuerdo aquel sábado cuando, mientras conversábamos de la vida, me contó en lo que estaba pensando y me invitó a ser parte de escribir juntos este libro. Tardé apenas unas pocas horas en darle el "sí".

Considero que escribir en equipo es un gran desafío, pero sé que podemos dejar los egos de lado (usaremos la palabra Ego con cierta concepción negativa, como la descripción del Yo egoísta, el que no comparte, no se asocia), y hacer de la pluma una alquimia de dos autores en un solo libro. Aunque, seguramente van a descubrir, aquellos lectores que nos conocen bien, dónde hay lápiz de Mariano y dónde de Ariel.

Soy consultor en temas de desarrollo organizacional hace tiempo, también docente de Educación Ejecutiva en temas de gestión del cambio, y emprendedor desde hace 12 años si cuento desde el momento que dejé la relación de dependencia, pero siempre me sentí "intraentrepreneur" estando en la línea de fuego, o como consultor en organizaciones de sector privado y público.

Soy inquieto por naturaleza, esta es una aventura más, como dice Mariano, todo lo que estamos dejando aquí escrito, es desde el corazón, se vivió, no es teoría. Todo lo bueno o malo que nos pasó lo hemos pasado por el tamiz de la experiencia y estos son los aprendizajes que queremos compartirles. Entonces sin más demoras los invito a este viaje. ¡Nos encontramos en la estación!

Avisos a tener en cuenta antes de leer este libro

Primero: Cuando el libro habla de Inconsciente no habla de la No conciencia o la inconsciencia del que "conduce borracho". Somos estrictos y hablaremos de la complejidad de los procesos inconscientes Freudianos o psicoanalíticamente en sentido general a pesar de que lo haremos con un lenguaje ameno y cercano y en muy breves ocasiones.

Segundo: Derribaremos Mitos. A la vez que hablaremos y ofreceremos los pasos como una guía para cambiar, reconoceremos que a veces el cambio se vuelve incontrolable o bien algunos aspectos del cambio son azarosos. Conocer eso y reconocerlo formará parte del método contenido en este libro para gestionar los cambios personales y lograr nuevos hábitos sustentables que además escalen a nuestras empresas, organizaciones y sociedad en general.

Tercero: El libro está repleto de preguntas. Y está estructurado para que a medida que lo vayas leyendo, puedas ir respondiendo algunos de esos interrogantes. Parte del método contenido en el libro tiene que ver con la posibilidad de lograr cambios sustentables, tiene que ver con tu procesamiento y asimilación de diversos conceptos, metodologías complementarias, pero a veces opcionales o contrapuestas. Sin tu protagonismo activo, lápiz en mano, para marcar y trabajar el libro mientras lees, ningún cambio acontecerá excepto aquellos producidos por azar o por decantación, incontrolables claro está.

Cuarto: Queremos sorprenderte. Por un lado, vamos a hacértela simple para que puedas encarar cambios, pero al mismo tiempo, vamos a hacértela difícil para que te des cuenta de que a veces tenés que transpirar un rato más para poder cambiar, y darte cuenta de que algunos cambios quedarán para una próxima vida.

Quinto y último: Sin esta actitud protagonista tuya nada tendrá sentido. Te proponemos un desafío claro:

ANIMATE A CAMBIAR

Introducción

Este no es un libro para el entrepeneur o el empresario corporativo solamente. Este es un libro para todos, pues emprender es, básicamente, vivir. Entonces este libro es para todo aquel que se considere un emprendedor de su vida, de sus proyectos todos y quiera llevarlos a delante con profesionalismo. Es para todo aquel que tenga ganas de hacer cosas, de hacer empresas o emprendimientos, casarse o tener hijos. Lo que sea que quiera emprender para dejar su huella. Emprendedor es una forma de ser, y para emprender no hay límite de edad, el único límite son tus ganas.

Para ello, aquí te brindamos un método para ir en la búsqueda sistemática del cambio. Entre todos los temas que trataremos introduciremos dos términos muy importantes: "implosionar" y "explosionar".

Se dice que una implosión es un "hundimiento y rotura hacia dentro de las paredes de un recipiente cuya presión es inferior a la del exterior". Y "Explosionar" dícese de "una rotura violenta de algo por un aumento de la presión interior".

Este método propone que el cambio implosione internamente de manera natural para luego explotar bien en el afuera, sin nunca descuidar los caminos necesarios para que este cambio se produzca de manera eficiente y sostenible en el tiempo.

El libro se divide en cuatro partes, en las que se plantean los siguientes interrogantes referidos a la Psicología del Cambio y su abordaje.

Parte 1: La Psicología del Emprendedor-Empresario y su relación con el Cambio.

Parte 2: El Cambio que manejás – lo consciente.

Parte 3: El Cambio que no manejás – lo inconsciente.

Parte 4: Kit Herramental y Casos de éxito frente al Cambio.

Este libro centra su foco en el cambio como herramienta indispensable para emprender y crecer. En cada parte abordaremos el cambio desde varios ángulos:

- ¿Cómo cambiamos?
- ¿Cuál es esa psicología del cambio?
- ¿Cuál es el proceso interno que las personas atravesamos para cambiar?
- ¿Cómo nos relacionamos con el afuera mientras cambiamos?
- ¿Existe un método por lo que éste pueda llevarse a cabo como un proceso ordenado y caótico al mismo tiempo?
- ¿De qué se trata y cómo ocurre la implosión del ser humano?
- ¿Cuáles son los pasos que nos llevarán a un mejor puerto?

No son para nada simples ni su búsqueda ni su ejercicio, ya que sabemos que durante un tramo de este camino de cambio se suele transitar a ciegas, pues manejamos por las carreteras de lo irracional, lo caótico, lo disruptivo lo que nos obliga a salir completamente de nuestra zona de comodidad.

Dominar lo que sucede en el afuera, en el mercado, en los vínculos sociales con otros, no está siempre a nuestro alcance. Y tampoco está a nuestro alcance dominar el adentro, nuestros procesos mentales y emocionales, nuestros procesos inconscientes, cuando nos conocemos muy poco a nosotros mismos.

Sin embargo, adquiriendo las habilidades necesarias, sí se pueden controlar y dominar gran parte de nuestros procesos mentales y emocionales. Y para lograrlo, en este libro encontrarán un enorme repertorio de nuevos métodos, conceptos, hábitos y rutinas que impulsan y aceleran la gestión de nuestros procesos mentales y emocionales.

Este libro nos brinda la posibilidad de darle orden al proceso, lo cual no es poca cosa. El orden al menos nos permitirá cuidarnos en el tránsito hacia el cambio que anhelamos o necesitamos iniciar.

Es importante asumir que la decisión de cambiar es solitaria, individual, y se lleva a cabo desde ese mundo interno de cada uno de nosotros que nos interpela cuando queremos cambiar, nos dice cuánto y qué, y determina si podemos hacerlo o no. Aunque la decisión es personal, nunca está de más contar con un equipo de mentores y círculo de confianza que nos podrán ayudar en el proceso.

Entonces este libro se propone como un riel por donde el tren del cambio acelere su marcha. Cuenta con paradas para que elijas por qué lugares querés solo pasar y mirar el paisaje y en cuáles querés quedarte o adentrarte un tiempo en sus planteos de manera interesante, lúdica y reflexiva. Este viaje te ofrece múltiples estaciones y caminos posibles para que vos puedas elegir o gestionar mejor lo impuesto, los mandatos, lo que no cambia o resulta difícil de cambiar.

Este "tren del cambio" te invita a subirte al vagón que vos identifiques como necesario.

Recordá que una parte importante del "tren del cambio" vos no lo controlás. Las preguntas que quedan por hacer son: ¿qué vas a hacer?, ¿te subís igual?, ¿cómo impactarás en los otros subiéndote o no?

En momentos tan profundos de crisis como los que vivimos hoy nos hemos preguntado: ¿qué herramientas les podemos dar a los maquinistas, a los fogoneros, a los pasajeros?, y fue con estas preguntas en mente que se dio a luz a esta obra.

Esperamos que este libro, este riel, esta ruta, te sea una buena guía y un gran apoyo en este viaje de implosión, lúdico y reflexivo, hacia tu interior.

Parte 1: Psicología del Emprendedor-Empresario y su relación con el Cambio

¿Qué tiene de especial el emprendedor? ¿Cuál es la relación entre emprender y ser empresario?

¿Qué tiene de distinto, que hace que determinadas personas puedan primero navegar por un mundo de ideas abstractas para terminar viviendo en una realidad materializada y concreta?

Emprender es un acto que excede al campo de los negocios. Emprendemos en todas las áreas de la vida. Lo que hace particular a determinadas personas son sus rasgos de personalidad predominantes, las conductas preferenciales, las actitudes y aptitudes que surgen de experiencias concretas, y, muy importante, su actitud frente al cambio.

Sea que hablemos del emprendedor, el emprendedor serial, el emprendedor que se quiere volver empresario o del empresario que se quiere volver emprendedor, lo que nos aboca es el entendimiento y abordaje de la psicología del emprendedor cuando cambia, o la psicología del empresario cuando cambia, siempre el foco está puesto en el cambio y en la actitud frente a esos cambios. Destaquemos que desde la diferencia conceptual podríamos decir que un empresario es un emprendedor que sentó las bases de una empresa.

Este libro aborda el cambio del empresario, el cambio empresarial y el cambio en las organizaciones independientemente de su tamaño, pero tiene el foco en el hecho que apalanca ese cambio, y ese hecho es la actitud de las personas dentro de las organizaciones durante el proceso de cambio.

Hablar de cambio también es hablar de procesos, tecnología, transformación digital y muchos otros temas que hoy son muy importantes en el mundo de las organizaciones, pero ellos tienen su foco en lo organizacional, en lo estructural, en las inversiones. El enfoque de este libro está puesto en la persona mientras cambia, mientras cambia ella como parte de una organización y en el marco de una sociedad y un mundo que la rodea. Es decir, el enfoque está en la persona y su manera de convivir con el cambio.

Este libro es en efecto un emprendimiento. Y como tal, nosotros los autores, nos convertimos en emprendedores en cada nuevo emprendimiento, llámese un nuevo libro, una empresa, un nuevo servicio. Estamos siempre emprendiendo y cambiando.

Características psicológicas de un emprendedor

Una de las claves de la piscología del que emprende es el foco. Ese **foco** le otorga cierta facilidad para el manejo y la gestión de la tensión creativa que conlleva materializar un emprendimiento, y su modo ideal de asociatividad al enfrentarse con los **cambios**. Es decir, activar lo que sea necesario y sin temor, en pos de concretizar una idea y hacerla realidad.

Los rasgos de personalidad del emprendedor parecen pocos y simples si los observamos en una lista, pero en la realidad son volumétricos en profundidad. Ellos conllevan un gran esfuerzo al desarrollarlos en hábitos conductuales sustentables para aquellos en los que naturalmente, o por ósmosis, no se dan. A veces son cualidades excluyentes y no forman parte de la misma persona, o no están adecuadamente sintonizados en una sola persona. De allí surge la potencia de la asociatividad buscando la complementariedad con otros, el arte y ciencia de desarrollar redes individuales y organizacionales.

Listemos entonces esas características psicológicas del emprendedor, las cuales se darán en diferentes matices de combinación e intensidad:

- Visión, creación.
- Foco.
- Asociatividad con otros.
- Voluntad de hacer, concretizar.
- Perseverancia.
- Apertura al cambio permanente.

Esas características podríamos explicarlas de esta manera:

- **Visión, creación**: Posee un impulso muy intenso, creador, disruptivo, visionario (HAMBRE DE UN SUEÑO, que cuando lo narra es increíble y enamorador para algunos, desmesurado para otros, contagioso o inalcanzable).

- **Foco**: Cuenta con un espíritu conservador, ordenador, que puede y sabe decir que no y poner límites, y sabe a la vez abrir las compuertas para que el "SI" fluya cuando debe.

- **Asociatividad con otros**: Tiene la capacidad de hacer contactos con personas, instituciones públicas, empresas privadas, cámaras. Está en línea con los "centros de ocurrencia" donde las probabilidades de anticipar cambios y tendencias puedan incrementarse para el trabajo que el emprendedor o empresario debe luego darle forma puertas para adentro de su organización.

- **Voluntad de hacer, concretizar:** Tiene una conducta hacedora, constante, rítmica y disciplinada, que hace funcionar lo creado y que lo sostiene en el tiempo.

- **Perseverancia**: Posee coraje y testarudez de la buena, para ir hacia un objetivo foco a pesar de que otros no lo convaliden.

- **Actitud abierta al cambio permanente**: Cuenta con esta característica ya que las organizaciones de hoy son siempre un *mientras tanto, un haciendo, un siendo.*

Sus habilidades, actitudes y conductas frente al cambio

El emprendedor necesita crear, pero a la vez también necesita consolidar y sostener el cambio. Sabe que estos estadios ocurren siempre inmersos en una constante ola de cambios.

Podríamos decir entonces que un emprendedor es aquel que quiere, desea, busca, afronta y gestiona permanentemente el cambio, pues sabe que el cambio es intrínseco a emprender. Sin cambios no se crece, no se sostiene y no se consolida, se muere, se deja de existir.

Habilidad para la creación colaborativa

La habilidad para la creación colaborativa se basa en la necesidad de la complementación de conductas, tanto propias como ajenas, por ejemplo, de cualidades complementarias puestas en juego en una misma persona o entre socios. El que sueña y visiona un mundo que hoy no existe y de esa manera anticipa el cambio puede ser el mismo que luego lo lleva a cabo y lo mantiene, o no. A veces el emprendedor contemporáneo, el empresario de hoy, necesita tanto de la característica de **visión y osadía** como del rol y característica del **hacedor**.

Otras veces pueden ser personas individuales al comienzo y que luego terminan asociándose. Una sociedad puede empezar como una especie de esquizofrenia de socios para luego lograr ser una unidad (es decir, división de personalidad, porque al comienzo puede ser un soñador, por un lado, un hacedor por otro). Una vez que los cambios se consolidan, terminan construyendo una organización equilibrada, y, por ende, una sociedad equilibrada. Se va gestando a través de las distintas personalidades de los fundadores y sus integrantes, la personalidad propia de la organización, eso a lo que usualmente llamamos Cultura.

Habilidad de espera activa

La espera y la gestión del tiempo son características primordiales necesarias para que se dé la creación colaborativa en red y una empresa perdurable. Pero realmente no es tanto el "tiempo físico" el que tenemos que aprender a gestionar, sino el "tiempo metafísico", es decir, el **tiempo mental y emocional**. No es la cantidad de tiempo que vamos transitando, sino la intensidad de cómo lo vamos viviendo.

Tomemos por ejemplo, el tiempo que hoy nos da el aislamiento obligatorio y preventivo por la pandemia mundial por el COVID-19 no se mide en horas, sino que **se mide en foco**. Entonces la pregunta es: ¿en qué tenés puesto tu foco hoy?

¿Acaso no te preguntaste nunca cómo puede ser que el tiempo que ha durado una situación muy traumática o adversa en tu vida, comparado con el tiempo que han durado unas vacaciones, o el nacimiento de nuestros hijos, etc., a pesar de que el tiempo físico, en ambas situaciones, tal vez fue el mismo en duración, en nuestra memoria emocional quedaron grabados e impresos de otra manera? A eso nos referimos cuando hablamos de intensidad de lo vivido, el foco.

Veamos con ejemplos el concepto de "espera activa" en escenarios diferentes para su mejor comprensión.

ESPERA ACTIVA Ejemplo 1: El momento de cambio de neumáticos en la alta competencia de la Fórmula 1

Cuando un conductor de Fórmula 1 entra a boxes, no le queda otra que entregarse de manera vulnerable y confiar incondicionalmente en su equipo de trabajo; un equipo de 8 a 10 personas que coopera desde la escudería para sacar ese auto en 10-12 segundos para que quede listo y así poder volver nuevamente a la carrera.

Este es un gran ejemplo para demostrar que lo único que puede hacer el conductor en este caso es estar en una "**espera activa**". Y es "activa" porque él ya hizo su parte de la tarea o el trabajo hasta recién, y ahora confía en que las demás personas harán su tarea, y luego le tocará nuevamente a él tomar la responsabilidad de su trabajo. Esta analogía es muy aplicable tanto a nuestra vida cotidiana como al área personal o laboral.

La diferencia entre saber esperar y no saber esperar puede ser la diferencia entre la vida o la muerte (del piloto si sale antes, de las demás personas en la carrera, de la organización y de nosotros mismos si no sabemos esperar activamente).

ESPERA ACTIVA Ejemplo 2: La Plaza de Mulas rumbo a hacer cumbre en el pico del Aconcagua

La Plaza de las Mulas, la cual se ubica en el rumbo hacia el pico del Aconcagua, es un lugar de espera natural para los montañistas que anhelan hacer cumbre en aquella renombrada montaña. Ahí es donde se evalúa el tiempo, las horas de luz, la cantidad de oxígeno, los víveres, la temperatura. Allí se toman decisiones importantes que necesitan de una "espera activa". En este caso, la diferencia entre saber esperar y no saber esperar puede ser también el contraste entre vivir o perder la vida.

En varias ocasiones, los guías de montaña que ayudan a los montañistas a hacer cumbre tienen que lidiar con la intolerancia a la frustración y la impaciencia de aquellas personas quienes viven "la no-subida a la cumbre" como un fracaso. La experiencia elegida de hacer montañismo debe ser positiva independientemente de lograr el objetivo de hacer cumbre, pues eso es enfocarse en el **"éxito del resultado"**. La vida es un **camino de aprendizaje** que de por sí es un **viaje** lleno de **anhelos**. Y uno de ellos puede perfectamente ser hacer cumbre. Pero llegar o no a los resultados finales anhelados debe entenderse como independiente a vivir el **"éxito del proceso"**.

Podríamos decir entonces que la "espera activa" está vinculada de alguna manera al "autoliderazgo". Hagamos una analogía con el mundo organizacional en lo que refiere a liderazgo: para poder **liderar a otros** tenemos que saber **auto liderarnos** primero. La clave de ese auto liderazgo es poder **manejar o gestionar nuestras propias emociones, en este caso incluso, las ansiedades y saber esperar.**

Al igual que el conductor de la Fórmula 1 y el montañista —quienes deben confiar, saber esperar activamente, tener paciencia con esa variable externa que no manejan, ya sea una tormenta, el viento, el alud, la nieve— uno debe entregarse al conocimiento técnico y la trayectoria de vida que tiene ese equipo técnico que cambia los neumáticos y ese guía de montaña. En ambos escenarios, el aprender a no controlarlo todo, a mostrarse vulnerable, a ser humildes y a confiar en ese otro mientras estamos en ese proceso de espera activa, ese **autoliderarse**, es lo único que podemos hacer. Debemos saber esperar.

Estos momentos de espera activa son momentos que nos regala el universo, intencionales o no, son momentos de soliloquio. El soliloquio es una oportunidad de poder dialogar con nosotros mismos. Es una posibilidad de **autoconocimiento** que no siempre sabemos aprovechar.

Son esos tiempos de soliloquio, mal llamado muchas veces "tiempos muertos", que podrían resultar tremendamente vivos si nos detuviéramos por unos instantes y nos preguntáramos: ¿cómo podemos utilizar este tiempo en el que quedamos atrapados en el tránsito, o en medio de un piquete, o cuando la obra de nuestro local avanza más lenta, o cuando las regulaciones o permisos municipales nos tienen en un impasse, o es tiempo de vacaciones, o es tiempo que quedamos encerrados en casa por una enfermedad o para no enfermarnos? ¿Sabremos usar inteligentemente ese próximo tiempo de diálogo interno con nosotros mismos?

Cambio como vehículo de crecimiento, de emprendedor a empresario

Como dijimos, el empresario es, en definitiva, un emprendedor, o un emprendedor serial. La psicología del emprendedor serial debe incluir las habilidades de crear organizaciones y redes de colaboración, lo que implica poder manejar su espera activa, colaborar, asociarse, complementarse, usar lo ocioso y abundante del afuera, del otro, siempre aportando generosamente la abundancia de recursos propios.

En una PYME se ve más simple porque la relación es uno a uno entre todos. Ese es un momento maravilloso pues es el tiempo de construir una cultura organizacional y los lazos entre todos los que interactúan, y vale como ejemplo para grandes empresas que en tiempo de cuarentena por COVID-19 se vieron en condiciones de focalizar en la Cultura. Tanto los tiempos de rutina, donde el día a día se haya inundado por la facturación, la cobranza o la supervivencia, como los tiempos que parecen muertos, son todos perfectos para generar las bases, el propósito y los objetivos transcendentales de la organización.

Esos momentos de espera activa no buscados, son más que propicios para "ordenar el vestuario", la que sería una analogía para expresar todo aquello importante y no urgente que solemos postergar con la excusa de estar en el medio del cotidiano torbellino.

Ser empresario es crear organizaciones que superan al emprendedor, que lo transcienden. Incluso la asociación con otros busca, desde ese instante, construir algo mucho mayor que la suma de dos, tres o cuatro.

Porque en el mejor de los mundos, cuando se gana creciendo y haciendo los primeros cambios importantes, también se pierde esa primera gran oportunidad trascendental de la que recién hablamos, de crear cultura y lazos.

Cuando las crisis y los reveses, incluso los del crecimiento, nos pongan en jaque, serán esos vínculos con esa gente, esos propósitos y esos objetivos creados entre pocos, los que nos salvarán de la desaparición y generarán la perdurabilidad, lograda a través de esa visión compartida de la organización.

El emprendedor serial o el empresario en su perfil ideal tenderá a ser creativo, impulsivo, instintivo, autoexigente, corajudo, abierto al cambio y potenciador del mismo. Sabrá asociarse con otros emprendedores, seriales o no, hacedores, numéricos, orientados a las normas y el control, tecnológicos, etc.

La intensidad y combinación de los estilos conductuales y de personalidad, harán su parte en el "combo" ideal para que estos emprendedores seriales del siglo 21 pos-pandemia COVID-19, sigan sus andanzas y sus cambios.

La compulsión que crear será un valor agregado, algo que sintonizará perfectamente con el mundo en el que vivimos, pero con un "llamado de atención" que nos diferencia claramente de aquellos líderes omnipotentes que lo podían todo al costo incluso de su propia salud, hasta de su propia familia, con una clara incapacidad de poder liderarse a sí mismos.

Los emprendedores seriales contemporáneos de los que hablamos aquí, los que implosionarán del modo descripto en este libro, y explotarán como artistas para regocijarnos con sus obras, son personas que no quieren enfermarse, no quieren enfermar a otros, quieren que el trabajo y la vida sean un continuo apasionante, quieren ver a sus hijos crecer, quieren expandir otra conciencia, no solo empresarial, sino también humana y comunitaria.

¿Quiénes estarán a la altura de semejante vara de equilibrio anhelado? ¿Vos te animas?

Parte 2: El Cambio que manejás

El Cambio con Propósito

La importancia de tener un propósito

Ahora vamos a interpelarnos a nosotros mismos. ¿Vos sabés cuál es tu propósito?, ¿qué es aquello que no va a cambiar dentro de vos, pase lo que pase?, ¿qué se sostendrá cuando haya pasado la adversidad, el cambio, la revolución?, ¿aquello que permanecerá?

No dejo de ser honesto ni pierdo mi identidad cuando cambio. Mis valores son fijos, son el pivote que me sostiene. Como en el básquet, quien juega sin pivote no toma el rebote y pierde por goleada o quien no pivotea sobre un pie, comete falta, camina. Es el pivote la clave del compás, lo que hace que funcione, que se vuelva innegociable no tenerlo para girar, para cambiar de sentido.

Tener un **propósito** da el sentido a todo lo demás. ¿No te parece que una mayoría importante de personas se levanta todas las mañanas sin un "para qué"? Abrimos los ojos, tomamos un café, y trabajamos de algo que, con suerte, se relaciona a lo que estudiamos, a los mandatos sociales o familiares, o lo hacemos por moda o conveniencia, o porque nos da el sustento económico, y todo justifica el "por qué" lo hacemos. ¿Pero sabes qué? No justifican el "para qué" lo hacemos. No suele estar presente en esas razones nuestra "razón de ser" la cual se conecta a nuestro corazón. No es lo mismo responder a "¿por qué vivo?" — pulmones reciben el oxígeno, corazón irriga sangre— que responder a "¿para qué vivo?". Una es la razón, la otra es el propósito.

Esta idea de propósito se reserva usualmente a los médicos, a los actores y escritores a quienes se les atribuye la noción de que ellos sí trabajan con el corazón y que llevan adelante en sus tareas algún propósito elevado.

No solo las personas tenemos propósitos, también los tienen las empresas, las organizaciones, y los emprendimientos.

Un propósito es simple. Un propósito es un envase de pocas palabras, donde ninguna está de más ni de menos, pero el contenido, para quien lo creó, tiene muchos significados. Veamos algunos ejemplos organizacionales con propósitos simples y claros:

TED: Ideas que valen la pena difundir.

Google: Organizar la información del mundo.

YPF: Transformar vidas a través de la energía.

¿Hace falta escribir nuestro propósito o alcanzará con vivirlo, con SER ese propósito todos los días en nuestro quehacer cotidiano? Observemos la realidad de Alberto Crescenti, premio Conex 2018, Director del SAME (Sistema de Atención Médica de Emergencias). Lo vemos incansablemente en el noticiero subirse a la ambulancia y aparecer en cada conflicto sanitario, antes y durante el COVID-19, en explosiones, accidentes de tránsito, él siempre está allí, como si fuesen 100 personas en lugar de una. Lo vemos tan claro que nadie tiene que escribir nada, porque él está encarnando sus valores; él, mientras hace su oficio, está "siendo su propósito" de salvar vidas, de mitigar el dolor, de no dañar. Tan simple de entender como de ver.

En el caso que no seamos médicos y que no dirijamos el SAME, tendremos que dar a conocer nuestro propósito para que llegue al corazón de multitudes de personas, que sea memorable y que resuene con la frecuencia de las demás personas. Esto requiere esfuerzo y foco en declararlo y compartirlo; aquí reaparece el foco que el emprendimiento requiere y que los cambios exigen. Dejemos en claro que al "foco" lo apalanca un muy buen propósito.

Ahora te pedimos que te mires al espejo y te preguntes: *"¿Para qué existo yo, para qué existe mi organización, mi rol, mi tarea cotidiana?, ¿para qué enciendo mi computadora o cargo la batería del celular para trabajar?"*. Estas respuestas son para vos, porque son importantes para que tu vida tenga el verdadero significado que vos deseas que tenga.

Regalate las respuestas y la vida pasará de monocromática a multicolor, comenzarás a percibir matices, y a sentir cosas nuevas. No siempre todas lindas, algunas veces sentirás cierta incomodidad o desazón. Pero lo pasarás y tu propósito te llevará fuerte de la mano por tu camino, impulsado en tu "para qué".

Determiná tu propósito

Veamos algunas preguntas útiles para crear el primer borrador de nuestro propósito, de nuestra razón de ser, de nuestro pivote. Preguntate:

- ¿Con qué actividades vibro en la vida?
- ¿Qué parte de mi trabajo me apasiona?
- ¿Qué sé que hago bien o me dicen otros que hago bien?
- ¿Por qué me valoro y me valoran otros?
- ¿Qué problemas soluciono?
- ¿A cuántas personas impacto con mi valor?
- ¿Cuántos lo saben?

Ahora, ¿es necesario que escribas ese propósito?

Nosotros creemos que sí, porque lo escrito suele tener estatus de verdad, de contrato, de compromiso con uno mismo además que con los otros. Dependiendo del humor o los sucesos de cada día, nuestra mirada puede cambiar su perspectiva y nuestras ideas su intensidad. Por eso, cuando escribo mi propósito, el viento hace menos estragos contra esas palabras escritas que contra las palabras simplemente enunciadas.

Una vez expresadas las preguntas, puedo darle más fuerza a mi propósito. Y si no logro escribirlo, puedo dárselas a alguien que sepa redactar. Hasta puedo armar mi slogan y colocarlo en las redes sociales, en la página web o en la pared del barrio donde habito.

La cuestión es que, lo escribas o no, tu propósito siempre estará, lo llevas puesto todos los días de tu vida porque ese es tu impulso. Y si lo tenés definido y claro será un excelente punto de partida cada mañana cuando abrís los ojos a este maravilloso milagro llamado vida.

Pero también, y he aquí la reflexión final, el propósito es un lindo punto de llegada. Es una imagen aspiracional con la cuál quedarse dormido cada noche. De esta manera también algún día ese propósito llegará a todas las personas que te observan y te vivencian. Ellos verán en vos tu propósito y también lo escribirán en su corazón.

El cambio con propósito o dejar algo fijo mientras todo cambia

Tenemos un empresario amigo (alguna información está ficcionada para mejorar la comprensión del caso) que siempre se enoja mientras implementamos cambios. Roberto tiene 62 años, es un gran conocedor de todo y un auténtico y brillante emprendedor. Tiene una empresa dedicada a la limpieza y mantenimiento de edificios corporativos que actualmente está renaciendo en otro formato, incorporando nuevos servicios e incluso productos.

Roberto continuamente me dice: "Vos siempre querés cambiar todo". Y yo le respondo: "Todo no". Y continúo: ¿qué sentís vos que debe entonces permanecer estable? ¿Temor a que se mueva qué tenés, Roberto?

Traigamos este diálogo a la reflexión nuevamente. No es cambiar todo, o cambiar por cambiar, sino cambiar lo necesario. Sabemos que hay cosas que si cambian recurrentemente impedirán hacer base, no estaremos sólidos para despegar.

Toda partida, de un avión, barco, u otro medio de transporte, sale de una base. ¿Cuáles son esas bases en una organización? ¿Cuáles son esas anclas que servirán para estar plantados en momentos de turbulencia o temporal? ¿No es acaso la pandemia por COVID-19, las crisis, un momento de tempestad que requiere identificar o reinventar nuestras bases? Y si lo son, ¿lo estás aprovechando como tal?

Anclas

Vamos a detallar algunas anclas para tener en cuenta:

- ✓ **1. El propósito de la empresa**: ¿Para qué existe? Es la Razón de ser.
- ✓ **2. Los valores de la empresa**: ¿Qué está permitido y qué no para cumplir el propósito? Es el ADN organizacional: quiénes somos, quiénes queremos ser, quiénes necesitamos ser.
- ✓ **3. La biografía organizacional**: los éxitos y fracasos, su historia nacional o internacional, honrar a sus fundadores, a los inicios, a nuestros antecesores. En otras palabras, es la belleza de esa bitácora de aprendizajes que, en la mayoría de los casos, solemos ignorar.

Le pregunto a Roberto: ¿Existe un cuarto punto? Se ve tentado a decir que el cuarto punto es LA ESTRATEGIA.

Yendo a la cronología exacta del caso, que tiene aspectos de ficción para agilizar la comprensión del tema como ya hemos anticipado, puedo contarles que intercambiamos varias ideas por semanas hasta que el 10 de Marzo de 2020, momento en que dejamos el debate porque Roberto se fue a su casa y tardó algunos días en configurar su Zoom, adecuar su rutina al encierro y tener la intención de volver a intercambiar este tipo de temas tan etéreos, volátiles, abstractos, de "vende humo", como Roberto los suele denominar.

También dejamos claro que no había punto cuatro, no había un ancla en la estrategia. Al volver a encontrarnos en una sesión de estrategia vía la plataforma Teams, en la que estaba su hijo, el Gerente General y su hija, presentes, repensamos la estrategia porque al 15 de mayo del 2020, ese documento de pocas líneas, muchos números y bien fundamentado que habíamos logrado construir por primera vez en la historia de la empresa ya carecía de todo valor.

Lo que habíamos llamado estrategia 2020 no existía más, no era sustentable, no valía la pena jugar ese juego. Había que ocuparse de otras cosas que eran estratégico-tácticas como cobrar, renegociar contratos, reinventar servicios, cuidar a los colaboradores, agregar valor desde la tarea primaria de la empresa para poder dedicarnos a resolver los problemas asociados a la pandemia COVID-19.

Con voz severa y entrecortada por problemas de conexión del wifi le pregunta Roberto a su hija: "¿Desde dónde nos paramos para trabajar en este nuevo escenario?". Y mientras hablaba Roberto susurró por lo bajo: "En estos momentos se ven los pingos". La hija Valentina, quien estudia en una importante escuela de negocios, armó con palabras un globo aerostático que nos elevó y nos sacó así del laberinto. Dijo: "Es momento de agarrarnos del propósito y de nuestros valores, eso es intransable".

Dejemos un rato a Roberto y Valentina para centrarnos en nosotros. ¿Cómo me interpela el tema de la revisión de mi propósito y de los valores que conducen mi vida? ¿Estoy aprovechando el tiempo de pandemia, la situación límite que me toca y que nos toca transitar como sociedad para observarme, mirar mejor, animarme al cuestionamiento, la interpelación, a reinventarme, a ratificarme en el camino que vengo llevando? ¿Voy a elegir construir desde el deseo y el amor a las alturas o desde el miedo al precipicio? ¿Cuánto voy a esperar para cambiar? ¿Cambiaré por necesidad o por propósito? ¿Me aferraré a lo que soy hoy? Estas son todas preguntas de profunda relevancia y respondértelas con honestidad representan un acto de coraje. ¡Animate a responderlas!

¿Has escuchado alguna vez hablar del ikigai? El *ikigai* es un término japonés que no tiene una traducción exacta al español. Sin embargo, se le atribuye un significado bastante especial: "tener una razón por la que vivir" (tema al que volveremos más en profundidad más adelante). Para poder explosionar es necesario primero implosionar. ¿Tengo la fuerza de tracción para salir despegado en la dirección correcta?

Animarnos a responder la razón de vivir, de ser, de estar, de crecer, de jugártela por tu propósito es un acto de coraje. No es un acto de coraje quedarte en el medio, en el híbrido, en la mediocridad de una luz tenue que solo ilumine una parte minúscula de tu vida interna.

Basados en la teoría de las cuatro habitaciones del cambio de Claes Janssen:

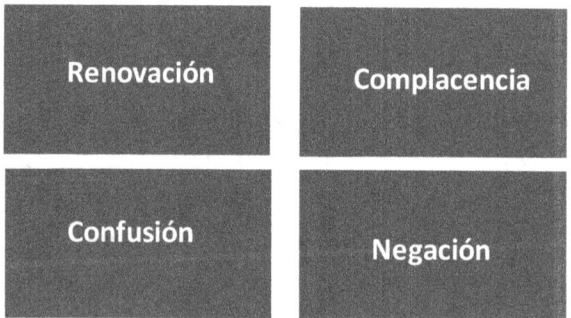

Según ella, se puede orientar la conversación con nosotros mismos, identificando desde dónde vamos a desarrollar el cambio, ¿desde la comodidad de la complacencia?, ¿desde la cobardía de negar lo que nos está aconteciendo?, ¿desde la eterna confusión de quiero y no sé cómo?, ¿de no tener la humildad para pedir ayuda a un amigo, padre, hijo, mentor, coach, jefe, terapeuta, o a esa voz interior que nos habla más frecuentemente de lo que le damos cabida para oírla e interpretarla?

El cambio con propósito es una elección

El cambio por propósito tiene que ver con cambiar cuando estamos bien, hacerlo por estímulo, por una sensación interna de "renovación", y con pensarnos en momentos de plenitud y no de desesperación o de enojo con nosotros mismos. Los cambios generados desde la desesperación o el enojo serán caminos de solución de muy corto plazo, dejando a la deriva la conquista del largo plazo que nos conecte con nuestro legado o huella, con nuestra razón de ser, con ¡nuestro ikigai!

¿Vamos a procrastinar nuestros sueños hasta la eternidad, o vamos a esperar la situación límite que vive el águila?

El águila es el ave con mayor longevidad de su especie. Llega a vivir 70 años, pero para llegar a esa edad, a los 40, debe tomar una seria y difícil decisión. Sus alas están envejecidas y pesadas y sus plumas, gruesas. ¡Volar se le hace ya muy difícil! El águila tiene solamente dos alternativas: morir o enfrentar su doloroso proceso de renovación, que durará 150 días.

Ese proceso consiste en volar hacia lo alto de una montaña y quedarse ahí, en un nido cercano a un paredón, en donde no tenga la necesidad de volar. Allí se quita una a una las plumas, dolorosa pero triunfalmente para así poder vivir liviana y ágil los 30 años que le quedan.

¿Vos qué vas a elegir? Porque es importante que entiendas que podés elegir. Entonces, ¿vas a elegir hacer el cambio desde un propósito por estímulo o desde la situación límite del águila? Esperar en exceso puede ser letal, como quien se gasta una indemnización. Reaccionar torpemente cambiando por cambiar será como vestirse a la moda, aunque no te quede bien o no te favorezca. Entonces, ¿dónde estoy yo?, ¿estoy implosionando algo?, ¿estoy armando una base para el despegue?

Los 5 pasos para el Cambio

En esta sección abordaremos cada uno de los cinco pasos para el **cambio de hábito** mediante un desarrollo de abordajes, ejemplos y consignas desde una doble mirada: la mirada individual del ser humano, por un lado, y la mirada del mundo de las organizaciones por el otro.

La generación de hábitos sustentables implica definir qué queremos hacer, cómo lo vamos a hacer, con qué recursos, con qué personas.

Primer paso: Finalidad

En esta primera etapa hacia la generación de hábitos sustentables es primordial plasmar el "para qué y el porqué de ese cambio", de ese proyecto en nuestras vidas.

Cuando acompañamos como consultores o mentores a algunas organizaciones y equipos de trabajo y observamos que una persona o un equipo no tiene claro el propósito de aquello que quiere emprender o iniciar, lo primero que hacemos es ayudarlos a que declaren **"el para qué y porqué"** de lo que quiere hacer. De lo contrario será como transitar un viaje, un camino, pero sin rumbo; y eso suele causar dos estados de ánimo típicos que nos llevan a naufragar: la fatiga o la desorientación de las personas.

Para echar luz sobre este tema, nos gustaría volver a traer el concepto de *Ikigai* que hemos descripto anteriormente, cuyo significado atribuido dijimos que era **"tener una razón para vivir"**.

Cabe preguntarse entonces, ¿por qué **nos resulta tan difícil identificar esa razón para vivir**, ese sentido de propósito, y más aún sostener aquello que declaramos que nos gusta y que hacemos con talento y que el universo necesita de nosotros como oferta de valor?

Este concepto *ikigai* se presenta en forma de pétalos de flor y describe un conjunto de intersecciones que ayudan a construir el sentido de nuestro propósito. A partir de allí es donde podemos empezar a gestar nuevos hábitos en nuestra propia vida u organización a la que pertenecemos:

Pasión, misión, vocación y profesión son cuatro términos que a veces solemos tratarlos por igual y otras veces de manera muy diferenciada, pero tal como muestra la gráfica son aspectos que se relacionan y se necesitan, no pueden ir solos hacia su eficacia. Veremos que *Ikigai* y **Propósito** pueden ser equivalentes.

Cuando hablamos de eficacia hacemos referencia a lo que es productivo y es valorado por los otros, o lo productivo en términos de auto realización. Si se da la alquimia entre lo que nos gusta hacer mucho, lo que sabemos hacer bien o con talento, lo que el universo o nuestros clientes o colaboradores necesitan y además logramos monetizar todo ese proceso, podemos decir que estamos bien encaminados o caminando bien.

En el medio de estas intersecciones entre la pasión, la misión, la vocación y la profesión, y como resultado de este misterioso crisol de miradas se haya nuestra razón de ser.

¿Te animás a buscar el significado de esas cuatro intersecciones para vos?

Cuando uno observa la trayectoria de vida de ciertos artistas (de la plástica, el teatro, la música, las letras, y demás artes) y muchas otras áreas, como la medicina, el trabajo social, la enseñanza, etc., muchas veces podemos observar felicidad en su hacer o la apariencia de autorrealización; vemos que su oficio lo hacen muy bien y también lograron a veces, de esa profesión, mucho dinero. ¿Qué nos pasa cuando vivenciamos esa experiencia? ¿Nos despierta una "sana envidia"?

Te preguntaste alguna vez: "¿por qué no hacer de mi profesión empresarial, o del hobby o pasión, una experiencia de abundancia mental, emocional y económica? ¿Por qué pensamos que nosotros no podemos pertenecer a ese selecto grupo de personas como lo son los artistas, los deportistas, y los apasionados en general, quienes nunca parecen padecer el "síndrome del lunes"? Este síndrome es a lo que ciertos médicos se refieren cuando hablan de la tan conocida y escuchada "pesada sensación de domingo a la tarde".

¿Por qué nosotros no podemos vivir la vida toda, de lunes a lunes, como un eterno momento de plenitud, de espera activa, de estímulo? ¿Por qué no logramos creer que nosotros también podemos llegar a sentirnos plenos y pensar "¡Arranca la semana! ¡Me voy a realizar como persona y como profesional!"?

El ejemplo puede sonar muy convencional pues puede estar teñido de los típicos matices del inconsciente que nos hacen caminar por un hilo delgado entre la FELICIDAD y el GOCE. Si tomamos ese significado psicoanalítico hasta puede generar conductas opuestas a lo que vemos como Felicidad, como ser el caso de algún músico que se autodestruye, o un workaholic (enfermo del trabajo) que se descarrila porque trabajar es una adicción que no puede controlar.

Pero más allá de ese tipo de excepción que no suele ser tan excepcional y es común observarla en los emprendedores seriales o los empresarios de elite o los C Level (altos directivos de organizaciones multinacionales), ¿no sentís a veces la sana envidia hacia el tenista profesional, hacia el médico que salva vidas, hacia aquel que vemos genuinamente feliz, como un perfil de Instagram fidedigno, y que está viviendo con plenitud su profesión, su trabajo, su sustento? ¿Cuánto tiempo más vas a esperar para sentir satisfacción con lo que haces?

Para ello primero hay que buscar **sin quejas**. Hay que ser consciente del lugar desde dónde partimos para luego poder subirnos a algún tren hacia la felicidad o la realización, apostando alguna vez una ficha de verdad. Nuestro mayor anhelo, desde este libro y como autores, es justamente ese, llevarte a la **acción**. Lograr eso para nosotros sería ya una misión cumplida.

Consignas para un buen tránsito por este primer paso: La mirada hacia atrás como retrospectiva.

Antes de presentarte la consigna, sería muy aconsejable que no te la plantees desde la mente, sino desde el corazón, dejando que las palabras pasen despacio por tu sentir antes de tomar tu pluma y escribir "*algo*". La idea de esta consigna no es responder con "humo" y terminar sumando más confusión y palos en las ruedas. La idea de esta consigna es enfrentarse al vacío, y desde ahí, realmente poder elegir. Aunque creas que no podés, sí podés. Preguntate esto y bancate la página en blanco (si podés):

¿Cuál es mi razón de vida?, ¿para qué estoy acá?

Otra hoja para otra pregunta, pero esta vez más táctica y operativa, porque requiere el análisis de la agenda de la semana pasada, recorriendo cada actividad, cada minuto que invertiste o malgastaste. ¿La miraste? Ahora pregúntate:

¿Tiene sentido lo que hago el 80% de mi tiempo?

Antes que te caigas y a pesar del posible montoncito acumulado de bollos de hojas garabateadas y descartadas, continuemos con algo más de conceptos que te ayuden a transitar este ejercicio valiente de introspección:

Ahora, ¿cómo sería el concepto de "**ikigai**" en el mundo organizacional o corporativo? El ikigai es el propósito de la organización. Suele ser el motor que moviliza a sus colaboradores, fundadores, accionistas, clientes, proveedores, consumidores y a la misma comunidad sobre la cual impacta o deja huella la organización.

De nuestro cotidiano andar por decenas de organizaciones al mismo tiempo, en algunas ocasiones observamos que existen "organizaciones sin corazón". Llamamos organizaciones sin corazón a aquellas que tienen el foco puesto solo en las ganancias, en lo tecnológico y en los procesos, dejando de lado lo humano del proceso. Así, las organizaciones operan como "muertos vivientes o cadáveres psicológicos", careciendo de sentido.

En este primer paso les dejamos un interrogante más.

¿Vamos a renovar nuestro propósito organizacional desde el estímulo de manera reactiva, proactiva y preventiva o vamos a esperar a la próxima crisis o adversidad para renovarlo desde la necesidad y la desesperación cuando ya sea tarde?

Segundo paso: Foco

El 2do paso hacia la generación de hábitos sustentables es poner el **foco** en el **objetivo**. Todo objetivo, desde la mirada organizacional, trae consigo un dilema de equilibrio constante entre un cuarteto de actores claves a tener presente: nuestros accionistas, los líderes de la organización, los colaboradores y los consumidores en un marco que los contiene, que es la comunidad, la sociedad y el mundo que le otorga un sentido último.

En ese equilibrio cuando planteamos objetivos en una organización, ¿cómo integramos todas esas miradas y necesidades?, ¿cómo logramos un balance entre accionistas felices, líderes plenos, colaboradores con un nivel de satisfacción y productividad acorde a ese objetivo, y, por último, pero no menos relevante, los consumidores que ayudan comprando el servicio o producto? Y a la vez ¿cómo lo hacemos garantizando la sostenibilidad económico-financiera de la organización en el marco comunitario? ¿Existiría todo eso sin un mundo que nos necesite y nos otorgue un sentido real? Si no satisfacemos una necesidad comunitaria, ¿para qué estamos?

Para que un objetivo generador de foco haga de la organización un espacio digno de ser vivido y **sustentable**, la clave está en la coherencia entre el marco contenedor, los objetivos organizaciones y los objetivos colectivos e individuales de estos cuatro grupos de interés. La no inclusión más ínfima de alguno de ellos dará por resultado un caminar rengo de la organización y, en algún momento, el proceso no será sustentable en el tiempo. Pareciera que "coherencia" e "inclusión" son dos factores para tener en cuenta a la hora de hablar de la perdurabilidad del cambio en las organizaciones. En otras palabras, que el objetivo debe contribuir con alguna intensidad deseable a los interesados claves, y de este modo, los incluya a todos.

"Foco" es otra palabra poco glamorosa, pero lograr entenderlo puede cambiarnos la vida. Si factoreamos el foco dentro de cualquier objetivo, mañana esa conducta inicial delimitada por el alcance que brinda el foco podrá hacer de ese objetivo planteado un hábito, o podrá materializarse en una nueva realidad.

Lo opuesto a "foco" es la "enfermedad del todólogo", que sufren esas personas u organizaciones que dedican su tiempo a varios temas no conectados entre sí, donde se dispersan, y no logran la excelencia en la ejecución de ninguna de las actividades que emprenden, o no consiguen sentirse conectados con esas múltiples actividades. No incluimos aquí a los multideportistas o genios de la historia, como Jorge Newbery o Leonardo Da Vinci, quienes claramente sí logran crear un sentido en múltiples disciplinas a la vez y en todas dejan su mejor versión, terminando de anclar, de hacer tierra en algo específico y llegando a desplegar con toda la plenitud que requiere el momento, el objetivo.

Busquemos responder una pregunta que nos parece relevante para avanzar y concretizar en los objetivos que favorezcan el cambio hacia una mejor versión de uno mismo. ¿Cuáles son aquellos espacios, momentos, actividades o personas que me ayudan a anclar, aterrizar, a explotar?

No estamos en contra de hacer divergencia de ideas y escenarios por un tiempo, pero llega un momento en que ese tiempo de dar vueltas, mirando todas las opciones se acaba y necesitamos converger para accionar. Para ello debemos enfocar el prisma, clarificarnos el rumbo a nosotros mismos o a nuestros seguidores y colegas, hacer foco y dar en el blanco en esa semana, ese mes, ese año, en ese nicho de mercado o aspecto de mi ser.

Existen una suma de atributos que hacen de nuestros objetivos planteados "declaraciones de calidad con alto impacto".

Poner foco en la determinación del rumbo es también fundamental. Las siglas del inglés conocidas desde el acrónimo SMART, han sido siempre de gran ayuda para definir el rumbo de nuestros posibles objetivos proyectados hacia el afuera, a saber:

- **S-pecific** – Específicos.
- **M-easurable** – Medibles.
- **A-chievable** – Alcanzables.
- **R-ealistic** – Realistas.
- **T-imely** – Definidos en un plazo de tiempo determinado.

Este simple modelo es un muy buen primer filtro al momento de transitar la consigna de la narrativa sobre nuestro objetivo individual, de equipo u organizacional y que darán identidad a nuestra organización. Y también, y mucho mejor aún, a nosotros mismos como personas.

No perseguimos como objetivo maquiavélico que todos nos plantemos el sentido de la vida a cada instante y conscientemente como si fuese posible cambiar y hacerlo para mejor con el solo planteo voluntarista y consciente. Sí perseguimos el cambio para mejor, la implosión controlada para una explosión creativa y con sentido, lo cual no es tarea simple para muchos, especialmente para quienes les gusta vivir de los sueños.

El cambio requiere sistematicidad y disciplina, al menos para lograr cambiar hacia un lugar que tenga sentido, en un tiempo razonable que nos permita perdurar, tanto sea desde lo económico, como persona en "modo coherencia" y sin enfermar, antes de quebrar la organización o quebrarnos por una crisis externa o interna.

Es una condición necesaria para nuestro objetivo pasar por estos 5 atributos SMART, pero no es suficiente. Nuestra experiencia con personas y en organizaciones nos dice que simultáneamente deben tener las siguientes 4 cualidades, es decir que los objetivos o el objetivo debería ser:

- "Incomodante".
- Fácil de recordar.
- Ambicioso pero acotado en el tiempo.
- Inspirador.

Estas últimas cuatro cualidades nos interpelan hacia un salto de calidad en la definición de los objetivos que, por regla deben ser pocos, pero que por regla también, en las empresas terminan siendo muchos, ya que es más cómodo formular muchos y así no se define el foco.

La construcción de objetivos graduales o mini objetivos es muy importante a la hora de enfocarse. Aquí les compartimos de nuestra propia experiencia algunos aprendizajes sobre la construcción gradual de objetivos parciales que nos llevaron al cumplimiento del objetivo mayor.

Para Ariel, las **maratones** fueron una de sus pasiones deportivas más grandes en un momento de su vida. Ir a la imagen del objetivo final de llegar al kilómetro 42, en su experiencia, ha sido de gran ayuda el proponerse objetivos parciales de simple ejecución. A eso los llamamos OKRs (Objectives & Key Results), Objetivos con Indicadores de Resultados Claves, en español. Los aciertos y fracasos, en pequeñas dosis, generan una suba de la autoestima, crean motivación y confianza dentro del marco de pensamiento apropiado. Esa confianza es un capital para apalancarse en el objetivo del siguiente nivel. De la maratón de 10 km a la de 15 km, luego a la media maratón y así hasta llegar a la de 42 kilómetros. Este proceso de aproximaciones sucesivas conllevó un período de un año y medio de trabajo y aprendizaje en espiral, y mucha disciplina.

Otro ejemplo claro es el de escribir y publicar libros. Ello requiere **disciplina**, experiencia, salir de la hoja en blanco a la escrita, de la imaginación a la concreción. También puede requerir saltar de una novela a un libro de negocios como es el caso de Mariano, de un libro a otro, de escribir para simplemente escribir y jugar con ideas a escribir para llegar a más y a más personas, y dar más conferencias, todo lo que va generando más material e ideas para así seguir subiendo en el espiral de más libros. Esto necesita también de mucha disciplina.

Queda claro que sin disciplina los cambios para mejor y las explosiones buenas, acontecerán por azar o no acontecerán.

Otro aspecto donde hay que poner foco para que nuestros objetivos sean perdurables en su proceso de ejecución es el **alineamiento entre esos objetivos y las capacidades** individuales y del equipo, de la organización y de la comunidad, en su necesidad o no de absorber nuestros objetivos para su desarrollo o evolución.

Con eso no solo nos referimos a las capacidades externas, como ser dinero, tiempo o infraestructura tecnológica, sino a las capacidades internas, como ser la paciencia, la voluntad, la confianza en uno mismo, la terquedad de la buena, la que persigue el objetivo en los momentos que el entorno no lo favorece hasta un momento que los otros lo necesitan o validan. Debemos considerar que es probable que los tiempos individuales de cada uno no coincidan entre sí, ni coincidan con las organizaciones o comunidades a las que pertenecemos.

Poder lograr una "aceleración" del tiempo en danza con la "espera activa" es una hermosa combinación para todo proceso de gestión del cambio. Se observará en la agilidad, en los métodos para "esperar u operar" sobre el afuera mientras que se gestiona sobre el adentro del individuo.

Uno de los secretos para lograr nuestros objetivos es que ellos sean propensos al **éxito**, es decir que sean acordes a la "justa medida" de nuestras capacidades internas y externas.

Además, resulta un ingrediente fundamental tener objetivos **alineados con nuestros valores**. Que esos objetivos se conecten o estén respaldados por nuestros valores individuales y de la organización de la que formas parte si es que trabajas con otros.

La resultante de este velar por este proceso de alineamiento es la "**coherencia organizacional**". Que se da cuando se llega a conectar el pensar, el sentir y el actuar. Cuanto más los objetivos se alinean con el propósito o la razón de ser de la organización, mayor probabilidad de que lo que se geste como cambio sea sustentable en el tiempo.

Respecto a que los objetivos estén alineados y tengan sentido en la comunidad o en la sociedad, será una validación última que se basará, o en la intuición para crear nuevos valores, o en los estudios de mercado para conocer los valores de la sociedad y el mundo en el que vivo. Los datos están, y el desafío será conocerlos, leerlos, analizarlos, y, por último, animarnos a accionar en base a la información que nos proporcionan.

Existirá una valoración respecto a qué hago luego de leer los datos. Si un grande del mercado de streaming —léase que a muchas personas les gusta ver series que comienzan con un asesinato— construyese todas sus series en base a ese gusto de esos consumidores, se repetiría incansablemente a si mismo hasta el hartazgo, se inhibiría el cambio, como de hecho se inhibe.

Crear nuevos **hábitos** será un atributo de aquellos que tercamente vayan detrás de un objetivo que les llene un sentido individual, aunque no tenga evidencia de la validación social del mismo. Siguiendo con el ejemplo anterior, podríamos decir que podrá crear nuevos hábitos en nosotros aquel que produzca series con mucho humor a bajo costo, y nos convenza de que es mejor una serie en donde nos reímos desde el minuto cero, sin necesidad de ver un asesinato para engancharnos.

Uno de los termómetros o síntomas para verificar si los objetivos están o no alineados con ese propósito o razón de ser y con nuestras capacidades individuales, de equipo u organizacionales tiene relación con el "equilibrio" y el "disfrute". A mayor alineamiento, mayor equilibrio, y a mayor equilibrio, mayor disfrute.

Seamos cautelosos antes de cambiar nuestro propósito. En varias ocasiones lo único que debemos modificar son los objetivos. Que sean de una magnitud acorde a nuestras capacidades actuales. Solo con ese pequeño ajuste se puede reestablecer el equilibrio y el disfrute.

Otro de los secretos claves para lograr nuestros objetivos es descubrir cada uno su "ritmo sustentable". ¿A qué ritmo puedo trabajar y hacerlo con orden y disciplina? En la analogía con un auto, ¿cuál es la velocidad crucero que podré sostener en el tiempo?

Otra clave es no compararnos con otros. Los otros pueden ser puntos de referencia, pero no puntos de competencia. La comparación sana es conmigo mismo, observar la evolución y el progreso del cumplimiento de mis objetivos con respecto a los puntos de partida de nosotros mismos. Este proceso es un gran antídoto para mitigar la frustración personal, la fatiga o la desorientación con el cambio que me haya propuesto.

Volviendo al mundo de las organizaciones podemos decir que: lo que el objetivo y el foco son a un individuo, es lo que la "visión de futuro y el panel de control de indicadores" son a una organización.

La **visión** debe tener indicadores para mañana poder medir su nivel de cumplimiento, tiene que enamorar a otros. Por eso es muy importante crear visiones compartidas, sumando las personas claves de toda la organización para que mañana el parto de hacer real esa visión crezca con el apoyo de una muy buena masa crítica de personas alineadas. Un proverbio popular y sabio nos enseña: *"si querés llegar rápido, trabaja solo, pero si querés llegar lejos, trabaja junto a otros"*.

La validación organizacional y social de nuestros objetivos no es un conformismo hacia la moda o las reglas del mercado, sino más bien es la plataforma para el cambio sustentable de uno mismo y de la comunidad, sociedad y el mundo en su sentido amplio.

Aquí te dejamos un pequeño resumen de los conceptos más importantes tratados hasta aquí en este capítulo y las consignas del 2do paso hacia el cambio:

- El foco en algo dejará fuera cosas y situaciones. Aprendé a decir que no, a no querer contentar a todos y a no satisfacer todos tus deseos o preferencias al mismo tiempo.
- Formulá lo mejor que puedas tus objetivos en formato SMART.
- Incomodate un poco e incomodá un poco al resto de los impactados por el cambio.
- Trabaja con OKRs, objetivos con ciclos y tareas cortas de las que puedas medir su avance.
- Chequeá si los objetivos responden a tus valores y a los de las organizaciones y comunidades en los que te movés.

- Seguilos tercamente si tenés espalda y valor, y validalos con la comunidad y con tu tenacidad cada vez que sea necesario para que los objetivos no mueran en el intento.

Tercer paso: Decisión

Este suele ser un paso en el cual, con cierta frecuencia, una mayoría importante de personas se quedan atoradas, atascadas, paralizadas. Este paso es donde, por alguna razón, no nos honramos las promesas que nos hacemos a nosotros mismos. Aun teniendo claro la razón de ser y los objetivos enfocados hacia ese propósito, por alguna RAZÓN, (con mayúscula a propósito) no logramos el cambio. Un conjunto pormenorizado de argumentos propios y ajenos que "nos decimos" o "nos dicen" que AHORA NO ES EL MOMENTO ADECUADO PARA CAMBIAR.

¿Existe el momento adecuado para cambiar o es una excusa para no cambiar? ¿Buscamos hacernos daño a nosotros mismos? ¿Somos eternos buscadores de certezas con anhelos de no encontrarlas? ¿Hemos considerado llegar a nuestra vejez con la menor cantidad de arrepentimientos dejando de lado ese tiempo verbal de "hubiera o hubiese"? ¿Realmente hemos evaluado la factibilidad económico-financiera o la falta de oportunidad social de nuestra idea para decir "NO"?

Entonces ¿por qué nos acontece que, en estas situaciones de cambio, personas que ya han demostrado ser muy inteligentes en varios aspectos de su vida, están a punto de dar el gran salto y casi irracionalmente se detienen y dicen "NO"?

Y entonces no cambian.

A este paso algunos lo han llamado "trabajo de parto". Es la primera acción real, dolorosa, metódica, sistemática necesaria para que todo lo que viene gestándose ocurra, o empiece a suceder, el volcán empiece a dejar ver el humo, el calor. No digamos aún la lava y menos hablemos aún de la transformación virtuosa de la mariposa de la que nos habló Cecilia Alvarado por redes sociales o el cambio de pelaje en el águila con la que Ariel nos hizo reflexionar, la Ecdisis de la que nos habló el amigo Gastón Vizcaino, haciendo referencia al cambio de piel en los reptiles. No eso, sino algo más primario, más básico, anterior.

La decisión suele ser el resultado de un trabajo previo de un proceso de "**construcción de coraje**", de uso, de "resignificación" de los aprendizajes anteriores, de los fallos, de la experiencia acumulada puesta al servicio del salto hacia lo nuevo en el formato de: *"Esta vez haré algo diferente porque será exactamente así, con este propósito, estos tres objetivos iniciales, a realizarse en los siguientes tres meses en colaboración con estas tres personas"*. Especificidad y coraje.

Sabemos que la decisión, para que sea sostenida en el tiempo, debe ser la suma de acciones de índole externa e interna. Vamos a dar el típico ejemplo para crear el hábito de ir al gimnasio con cierta frecuencia. La construcción de sentido de ir al gimnasio podría ser: estar saludable, tener una vejez sana para disfrutar a mis nietos, tener un cuerpo saludable para verme mejor, mantener los triglicéridos a raya, etc. El objetivo podría estar asociado a bajar la glucosa en sangre y las grasas del cuerpo en niveles que se miden en un estudio hecho pre-post.

Ahora, para tomar fuerza y coraje implícitos en la decisión de arrancar, solemos apelar a una decisión externa, ligada al pago por adelantado de 6 cuotas o del año en su totalidad, o el convencimiento de un amigo con el cuál asociarnos en la aventura.

Es un compromiso que sirve para el arranque del proceso de la creación del hábito, lo hago por las nenas diría un famoso deportista que marcó gran parte de nuestra historia, lo hago por mi novia decía uno de los tantos adictos en recuperación con los que trabajaba Mariano en las comunidades terapéuticas de provincia de Buenos Aires cerca del año 2000.

¿Cuándo vas a dejar de hacer el cambio por otros y elegir hacerlo por vos?

Al poco tiempo, esos cambios validados en el afuera, se quedan sin la fuerza de la consolidación, o la voluntad si nos referimos a lo propio, a lo interno. En ese caso, debemos volver a revisar el paso de la creación de la finalidad, el "¿para qué?"

En esta etapa la concreción inicial, puede ser reemplazada fácil y dolorosamente por síntomas del afuera, como no tener clientes, no tener respuestas a las llamadas, no contar con la validación de mi nuevo ser o negocio o, peor aún sufrir síntomas físicos, o sea, puro síntoma es puro inconsciente de los dos tipos:

- Del No consciente, porque yo no decido tener ataques de pánico, ni sé por qué los tengo, ni los asocio a la falta de concreción de alguna expectativa previa.
- Del Inconsciente Freudiano, que tramita la implosión por el síntoma como un mecanismo de defensa frente a deseos inconscientes no resueltos.

Te invitamos a que puedas consignar, teniendo a mano el objetivo o los objetivos que te querés proponer cumplir, ¿cuál es el primer escalón de esa escalera?, ¿cuál es esa simple acción que te pondrá en movimiento hacia el cambio anhelado?

La imagen que puede ser de ayuda es aquella que, para ingresar a un nuevo cuarto, debes haber abandonado el cuarto anterior. Puede parecer muy obvia esta imagen, pero a veces las imágenes físicas sirven para explicar los movimientos que tenemos que hacer desde un plano más metafísico, sea este un movimiento mental o emocional, espiritual o económico, como dejar el trabajo en relación de dependencia, invertir el tiempo en algo nuevo o lanzar un proyecto.

Las experiencias nos vienen a la mente en cataratas y bombardeos. Son muchas las personas que hemos tenido el honor de atender, acompañar. A muchas les resulta simple escribir sobre lo nuevo, lo que quieren, lo que se viene, los objetivos, el plan y con eso se entusiasman y parecen ir hacia el objetivo, pero cuando les toca listar o recordar aquello que los ata, los ralentiza, lo tóxico y complejo de romper para acceder a lo nuevo, dejar lo viejo, trabajar sobre lo viejo con la finalidad de dejarlo o transformarlo; aparece la dificultad, la parálisis, la justificación y las perversas explicaciones tranquilizadoras que nos damos a nosotros mismos.

Nos cuesta mucho más romper con el pasado y lo malo que visualizar lo nuevo. Paradójicamente, no limpiar bien el cuarto, rasquetear la pared y resolver los problemas de humedad suele ser la principal barrera para avanzar de verdad, ya que los muebles nuevos, la pintura nueva y los objetos decorativos de la transformación (cursos que hacemos, metodologías que incorporamos) se deslucen por saltearnos el paso previo. La humedad mancha la pared, la pintura nueva se cae fácil.

Volviendo al hábito del gimnasio que nos es tan cotidiano, simplemente dejamos de ir, no armamos el hábito, nos aburrimos por la falta de sentido, porque lo anterior, lo que causa el sobrepeso, el dolor de espalda y el aburrimiento, lleva años sin resolverse ni siquiera encararse.

Las revoluciones sin preparación y sin sentido son rebeldías adolescentes, ¿cierto? Sí, igual que cuando nos anotamos en el gimnasio.

De nuestra trayectoria como terapeutas o consultores de líderes de organizaciones, detallamos algunos ejemplos de cuestiones típicas a soltar, a resolver, a trabajar para poder cambiar:

- el miedo a cambiar,
- la baja autoestima que está en el fondo de la búsqueda de valoración en el afuera, que nos den el sí los de afuera, para cambiar,
- no creer en mí: ligado al punto anterior y sumando la historia de fracasos como un peso y no como un aprendizaje,
- no poder: en formato de excusas más o menos elaboradas,
- creencias limitantes que son irrefutables en la autopercepción, pero totalmente refutables objetivamente,
- la comodidad necesaria para vivir con baja energía versus la incomodidad de cambiar por algo superador,
- los juicios de valor: lo que sí y lo que no, arbitrariamente aprendido en No cambios pasados,
- los dolores actuales y preocupaciones acerca del dolor futuro que podría asociarse al cambio,
- las inseguridades propias de pisar terrenos nuevos,
- mi vulnerabilidad de estar en escenarios nuevos,
- los paradigmas familiares, culturales y/o sociales que forman parte de los pensamientos limitantes,
- el temor al qué dirán,
- el miedo a sostener o perder el statu quo real o ficticio y vacío que podemos tener transitoriamente, relacionado a lo económico y social,
- los miedos inconscientes, todo aquello que ni siquiera sabemos, o podemos saber que no sabemos.

Si observamos estas manifestaciones de centenas de personas, la palabra invisible, el meta mensaje, la música de fondo que sentimos, que resuena es la necesidad de **construcción de**

coraje, de armarnos de fuerza para sacarse parte del lastre convirtiéndolo en energía de acción. Hacer y punto, probar y punto, sin necesidad de dejar la vida o el sentido en lo nuevo, probar en los bordes si es necesario, sin dejar la relación de dependencia si es necesario, sin divorciarse si es necesario, pero probar, accionar, con coraje.

Te volvemos a interpelar entonces: ¿desde dónde vas a decidir? ¿Vas a decidir desde el estímulo, desde la culpa, la falta de confianza, la tristeza y el dolor? ¿Vas a decidir desde el amor a las alturas o desde el miedo al precipicio?

Una vez más: la decisión es un acto del coraje. Si la decisión es la imagen del parto, sepamos que muchas veces el parto no es totalmente natural y requiere algún tipo de ayuda artificial para poder dar a luz. Haciendo la analogía con nuestro proceso de decisión: ¿en qué momentos, lugares y a través de qué personas voy a encarar este proceso para que el parto de la decisión sea lo menos traumático posible? ¿Con quiénes y para qué necesito ayuda? ¿Quiero acelerar el proceso de parto? ¿Puedo? ¿Para qué? ¿Por qué?

Lo que solemos ver es que la construcción de coraje es un proceso en el que vale la pena recalar y detenerse, como lo hemos hecho en este capítulo.

Lo que notamos y concluimos luego de observar por años a las personas y organizaciones es que están repletas de buenos administradores y gestores, que de algún modo están cómodos con ser empleados, es decir "USADOS" por la estructura a cambio de certidumbre ficticia. Hemos percibido que existen pocos líderes y seguidores genuinos, y sobre todo con un magro liderazgo de sí mismos, y una voluble **autodeterminación y coraje**.

Un líder requiere de disrupción, de animarse a romper con la inercia mental, cultural, organizacional y social en su sentido amplio. Requiere desafiar los mandatos organizacionales, desde una actitud de vida que le permita mirar hacia adelante y transformar, habiendo previamente mirado para atrás para arreglar, reparar, resolver, aprender. Ser un Líder implica implosión de la buena para hacer un propio punto de quiebre, pero quebrar sin romper es lo bueno, integrando todo lo útil, ¿o no?

Una decisión como proceso tal cual estamos proponiendo en este capítulo puede ser para un líder y su organización un punto de no retorno, un punto de inflexión basada en la reflexión, un hito en la biografía de esa persona, de esa organización sobre la cual influencia, de la sociedad. Puede cambiar el curso de una historia o de todas.

Y vos, ¿te vas a animar a cambiar el rumbo de la historia? ¿Qué tenés que soltar, trabajar y resolver para abrazar lo nuevo y refocalizarte? ¿Cuál es tu trabajo en el trabajo?

Hay que resolver cosas, no solamente las que se basan en la nueva decisión, bien trabajadas en este libro cuando hablamos de propósito, cuando hablamos de objetivos. Aquí nos hemos detenido en las razones por las cuales la decisión de cambio, aparentemente tomada con total convicción, simplemente se cae, como el gimnasio al que dejamos de ir.

Cuarto paso: Determinación

Inexorablemente una gran cantidad de personas, equipos y organizaciones también suelen quedar varados en este paso. Es el "pasa/no pasa" para la creación de un hábito de cambio.

Si somos determinados en el tiempo, entonces resultará en una ejecución sustentable, y una **ejecución sustentable** resultará en un hábito creado.

Otro secreto para compartir y que sirva para sostener la propia determinación es la creación de un mantra. El **mantra** es una palabra sánscrita que tiene como objetivo relajar e inducir a un estado de meditación en quien la canta o escucha. La palabra está conformada por 2 expresiones "man" que significa "mente" y "tra" que expresa "liberación". Puede traducirse como "pensamiento". Es una frase, palabra o sílaba sagrada que se recita como apoyo de la meditación o para invocar a la divinidad.

Los mantras que se utilizan para meditar son palabras o frases que inducen a adoptar una actitud de mayor concentración y enfoque. Este tipo de fórmulas lingüísticas se emplean desde tiempos inmemoriales en el hinduismo y el budismo. Es decir, la palabra mantra significa, en esencia, protección para la mente.

Cantar, pensar, gritar o susurrar mantras reduce la dependencia que hemos adquirido hacia los sentidos, placeres y pensamientos. Puede ayudar a "ir más allá" de esos obstáculos que nos separan de la realidad y a conectar con ella.

Para los incrédulos, o quienes necesiten evidencia fáctica, les mostramos que no es casualidad que el mejor equipo de rugby del mundo, los All Blacks, utilicen el "Haka" como mantra antes de salir a jugar cada partido. Ese canto, ritual y escenificación que muchas veces utilizamos como ejercicios en jornadas vivenciales para empresas, tiene en realidad un significado y origen más profundo, graficado con más exactitud aquí en este capítulo, bajo el concepto de Mantra.

Haka

El *"Haka"* corresponde a cualquier danza de origen maorí, pero se asocia con la que usan los All Blacks para presentarse frente a sus rivales antes de los partidos. Se suele utilizar como danza de bienvenida y es considerado un signo de hospitalidad, aunque también es usado como método de intimidación hacia el adversario antes de comenzar la lucha.

Sin duda y explícitamente, muestra la determinación de, en el caso de ese equipo, salir a competir y a ganar.

Volvemos a la "determinación" y su relación con el significado del mantra, ¿por qué es relevante entonces la construcción de un mantra? Algunas respuestas que hemos relevado de nuestros amigos, colegas y clientes, en conversaciones sociales o profesionales a las vísperas de procesos de cambio, motorizados por crisis o tal como trabajamos en este apartado, por determinación, son:

- El Mantra me mantiene enfocado.
- En el caso de fatiga o desorientación de largos procesos de transición hacia el cambio, allí está mi guía.
- Cuando un sueño o visión se nubla, vuelve el mantra a otorgar sentido.
- Cuando olvidamos los objetivos de porqué hacemos lo que hacemos, el mantra nos ayuda a volver.
- Me devuelve el rumbo cuando lo pierdo.
- Hace frente a la enorme disparidad entre los planes definidos y las capacidades organizacionales requeridas.

¿Con qué herramientas contamos para mitigar una o varias de las situaciones citadas anteriormente? ¿Qué significa tener un Mantra?

En primera instancia, todo aquello resumido como **Propósito** y **Objetivo** puede bajar en formato de mantra, a aspectos que nos decimos, nos repetimos, transmitimos y repetimos a otros, como hábito, hasta que nosotros nos lo creemos, convencemos y la organización y la comunidad lo sabe.

Tiene este desafío un aspecto de comunicación, pero antes de eso, un aspecto de construcción y la primera determinación que hay que tomar es la de sistematizar lo que somos, nuestro propósito y objetivos, en forma clara, escribirlos, decirlos abiertamente, que nos conozcan.

No es marketing, no es comunicación, pero es bastante de marketing y comunicación, porque las cosas hay que saber decirlas y decirlas bien. Se trata más de volver a aprender a contar historias que enamoran como las que nos enseñaron en el colegio. Una buena introducción, un nudo y un desenlace. Imagínense repitiendo un Mantra sin sentido, como DEBEMOS AGREGAR VALOR AL ACCIONISTA. O sea, no es que carezca de sentido, sino que sería exactamente el mismo sentido para todos, o sea, no comunicaría nada y no enamoraría a nadie.

Hemos detectado dos elementos adicionales para ser cada día más "determinados" en los procesos de cambio: el "recuerdo" y la "gratitud". Ambos son elementos que se retroalimentan continuamente al servicio de la determinación.

El recuerdo y la gratitud operan de manera muy poderosa: el recordar los logros, el camino ya recorrido, listar ese grupo de personas que nos ayudaron a llegar a lo que hoy somos remiten al primer punto, y la gratitud hacia esas personas y hacia nosotros mismos completa la retroalimentación.

Les invitamos a desarrollar un ejercicio tremendamente poderoso. Se trata de ir a ese momento inicial de tu vida, tu momento de nacimiento hasta el día de hoy y listar el nombre de todas las personas que fueron claves en tu vida y porqué.

Aquellos que actuaron como fórceps, que te sacaron de un pozo, que te animaron a más, que te ayudaron a creer más en vos, que aportaron la brújula o hicieron de GPS en algún momento de tu vida.

Seguramente cuando termines ese listado no sea un grupo enorme de personas, pero sí tomes consciencia de qué manera contundente impactaron en tu vida, y no descartes que te vas a emocionar y tal vez derrames alguna lágrima o tu corazón sienta cierta nostalgia.

La segunda parte de la consigna es todavía más desafiante. No hay excusa para no entrar en contacto con cada una de estas personas a las que les debes tanta gratitud. Las podrás buscar a través de las redes sociales, y si algunas de ellas ya pasaron a otro plano y no están vivas, te invitamos a que les escribas una carta y se las envíes a donde quieras, porque desde ese otro lugar seguramente van a poder escucharte. Para finalizar la consigna, a cada uno de ellos les darás las gracias y les contarás el porqué de esa gratitud.

Estas técnicas y consignas no son obligatorias, pero pueden ser el riel, la guía para transitar el camino hacia la determinación necesaria para cambiar. En otras palabras, pueden ser un modo enriquecedor de enfrentar con los ojos bien abiertos el pasado y las dificultades, centrado en la bonanza del pasado, las raíces más sólidas, los héroes de carne y hueso en que nos hemos apoyado.

No significa que estemos constelando con esas personas, es algo más simple que se deriva de esas técnicas. Pero en su versión más intuitiva, directamente buscamos en técnicas convencionales la posibilidad que cada uno pueda enfrentar, hasta donde llegue y sin guía, un primer abordaje implosivo, controlado, desafiante pero no aterrador, para dar un paso controlado hacia la explosión, hacia un cambio sostenible. Quien necesite ayuda lo sentirá, debe pedirla, o si el lector siente que es de los que debe ser el soporte de algún otro, bienvenido a la clarificación del rol, que permitió esta breve lectura.

Se van a sorprender del eco de esas respuestas a las preguntas o a las cartas. Algunas personas van a tomar en ese momento de contacto la real conciencia del impacto que tuvieron esas palabras de esas personas, sus pensamientos, sus emociones o sus acciones en la vida y el impacto en cada uno de ustedes.

Tu Haka

Vamos a dejarte una última consigna ligada a la creación de tu mantra:

¿Cuál será tu mantra para determinarte en esa nueva decisión tomada?

El mantra actúa como ancla, como un impulsor a la acción. Vamos a compartirles algunos ejemplos manifestados por varios de nuestros amigos y clientes, desde los más convencionales o usuales hasta los más atípicos:

- Recordar la imagen de mis hijos, de mi familia.
- Honrar a nuestros padres, a nuestros colaboradores, a los fundadores de la empresa.
- Soy mejor persona de lo que pensaba.
- Doy gracias a la vida.
- Yo soy bueno en esto, yo puedo lograrlo.

- Yo me cuento a mí mismo que si hago las cosas bien, se puede. Recordando el valor de hacer lo correcto y la valentía que a veces esto implica.
- Me la creo porque de esto sé, de otras cosas que no sé, y me callo.
- Tengo gratitud hacia la vida, en serio soy agradecido.
- Me doy las gracias porque lo intento siempre.
- Agradezco a mis ancestros, a mis abuelos.
- Abrazo solamente lo bueno.
- Carpe diem.
- Voy a hacer lo correcto para mí, con honestidad.
- No voy a "transar".
- Voy a elegir este camino, y me bancaré lo que cueste.
- No voy a elegir ahora, esperaré el momento.

La palabra de cada uno de los mantras o sus frases asociadas pueden parecer muy similares. Lo que las hace completas o vacías es el significado que cada individuo les atribuye.

El mantra junto al proceso de determinación forma parte de los "constructores de resiliencia".

El mantra es como un bautismo, es un nombre, una palabra, un conjunto de palabras, que, al momento de ser evocada, nos recordará el para qué y por qué hacemos lo que hacemos e impulsará a la acción. El HAKA sin los All Blacks jugando y arremetiendo, es una simple representación cómica.

El mantra suprime a veces al estresor, lo controla por un tiempo. Si la crisis se pone fea es una primera línea de defensa que, si falla, reconocemos esa falla a tiempo porque tenemos el hábito de usar el mantra, como una pastilla natural contra el dolor.

La analogía del mantra con el mundo de las organizaciones tiene que ver con que, si ese propósito y esos valores que nos van a representar, que vamos a encarnar en el quehacer cotidiano de esa organización, no los traducimos a conductas y comportamientos observables. Así serán sólo palabras vacías. Será sólo una imagen enlatada sin vida. Por el contrario, la vida al mantra le otorga significado en cada equipo u organización trabajando, hablando acerca de él, completándolo, reescribiéndolo en las conductas cotidianas.

Ese conjunto de palabras que no son la Misión, Visión y Valores, sino más bien el Propósito, los Objetivos, resumidos en no más de tres cosas que nos queremos decir y siempre que tengan, a su vez, un sustento sólido previo para que no sean humo. Cuando se evocan, nos conectan con nuestro **corazón organizacional**, con nuestra razón de ser, con nuestro propósito y el de la comunidad que nos contiene, que le otorga sentido con su aprobación, cada vez que nos compran algo, nos escuchan o alguien sonríe mirando los resultados de lo que hacemos.

Quinto paso: Ejecución

Para comprender este tema de "ejecución" vamos a hacerlo sobre el estudio de la película del cambio, no de la foto o de las fotos. Nos valdremos de la trayectoria de vida de un deportista que es una leyenda del tenis mundial.

Cuando uno escucha a Tony Nadal, primero tío y luego entrenador del Rafa, podemos entender mejor el secreto del éxito del Rafa. No son ideas fugaces las que ejecutan cuando operan, no son personas superdotadas solamente, sino que son personas que desde la humildad trabajan con orden y disciplina. Hacen del hábito una forma de vida. Pase lo que pase siguen inexorablemente. Tienen claro sus objetivos, saben lo que anhelan, conocen muy bien lo que quieren y van por eso. Se manejan en un entorno basado en un conjunto de personas que actúan de perímetro, círculo de confianza, trabajan en su ecosistema de vida propiciando un equilibrio dinámico entre la vida individual, familiar y deportiva; pero orientado a ganar cosas a sabiendas de lo que pierden, o dejan de lado.

En el ejemplo del Rafa, cuando su tío nos cuenta cuál es el secreto de la exitosa carrera de la leyenda, dice que lo entrenaba siempre para lo peor, lo entrenaba con recursos básicos, con raquetas de madera, con pelotas desinfladas, con canchas inestables con piedras, lo entrenaba desde la zona de no confort; pero a su vez, el plan se enmarcaba en una incesante búsqueda de desarrollar en Rafa la capacidad de disfrute a través de un camino de sinsabores constantes, donde ya la incomodidad dejara de molestar y fuese parte del todo.

El resultado del proceso de determinación y resiliencia provocaba que la capacidad del Rafa para poder adaptarse y asimilar la alta competencia en impecables canchas con toda la sofisticación que tienen los torneos más importantes del mundo del tenis era "pan comido". Estaba todo dicho y hecho desde el Plan, lo peor ya había pasado, el marco estaba preparado para empezar una carrera y cada partido desde un enfoque ganador más allá del clima, del jugador que tenía enfrente y de lo más difícil aún, de la gestión de sus propios estados de ánimo.

Podemos observar que la ejecución sustentable del cambio para mejor, de una explosión, es el resultado de la resiliencia tanto mental como emocional. Es el resultado de una implosión que implica tanto conductas de entrenamiento visibles —como las referidas a pelota, cancha, clima— como también de entrenamiento mental, incluso al fracasar, aprendiendo del fracaso. Está muy ligada a cuán fuerte o no se gestó el mantra del paso anterior, si había seguros contra los indicadores de fracaso.

Tu Tony Nadal

Te interpelamos con el siguiente interrogante: ¿Cuáles son esas condiciones internas que vas a cultivar para entrar, metafóricamente hablando, en el top 10 del tenis mundial? ¿De qué mentores te vas a rodear para acelerar el proceso de llegar al máximo de tu potencialidad?

¿Cómo vas a definir en qué número del ranking quieres estar?, ¿cómo sabrás qué necesitas para explotar y llegar allí?

Agregaremos una palabra que todavía no utilizamos que hace a la construcción de un hábito que es "la rutina". Si, la aburrida **RUTINA**. Otra palabra que tampoco "garpa" y que no es glamorosa ni se puso de moda.

Volviendo al tema del tenis, tenemos bastantes conocidos tenistas que en su técnica eran impecables, pero que sus normas de conducta, reglas de convivencia y disciplina para no solo llegar sino mantenerse en el top 10 requerían de otra cabeza, de otras rutinas.

Los emprendedores tienen la cabeza ganadora casi siempre, la explosión creativa casi siempre, la implosión innovadora casi siempre, pero ¿la rutina?, ¿la paciencia para generar equipos?, ¿para delegar y así poder crecer o soportar las crisis en un andamiaje mayor a ellos mismos?, ¿recibir ayuda para soportar la empresa, no siendo ellos mismos con su espalda débil, quienes ayudan a la empresa?, ¿la paciencia y el timing (esfuerzo de tiempo y momentum) de encontrar el mejor eslabón para armar el mejor equipo de soporte?

La carrera profesional del tenista suele ser solitaria, le cuesta llegar, le cuesta financiarse, está lejos de parejas y amigos y todo lo que un chico normal hace. ¿Qué rutinas soportan esa zona de no confort en el tiempo?

El emprendedor también está en soledad, incluso atacado desde el vamos por regulaciones, causas externas e incontrolables de problemas, países con ciertas condiciones sociales y económicas, esquemas impositivos y entornos que a veces no favorecen su potencial.

¿Pensaste entonces cuál/es es/son la/s rutina/s que podés generarte para propiciar el orden y disciplina en la ejecución de tu futura creación de hábito?

PARTE 3: El Cambio que no manejás

Lo controlable y lo no controlable

Las trampas del paso 3

¿Y qué tal si tuviéramos una cuota de azar? A lo largo del libro vamos a jugar con lo controlable y lo incontrolable, con los conceptos de destino, método, ciencia y arte. Lo que sabemos es que, si no lanzamos la ficha, ¡nunca caerá a nuestro favor!

¿Podemos saber si somos dueños de sueños inconscientes y trascendentales? ¿Formaremos parte de esa elite llamada a cambiar la historia del mundo? Quizás nunca lo sabremos, porque las grandes epopeyas que provocan los **Cambios Radicales**, como puede ser el voto femenino en la Argentina, en algunos casos no son vistos en su real magnitud por quienes los propiciaron. El caso Evita es uno de tantos ejemplos, quién fallece a sus 33 años desconociendo su legado en un movimiento que perdura hasta hoy como el peronismo, o más allá de esas fronteras, como ser, dejar asentadas las bases del feminismo o los derechos de la mujer.

La realidad de hoy, año 2020 plena pandemia por COVID-19

Hoy sabemos que estamos atravesando la peor crisis sanitaria, social y económica jamás vista por estas generaciones; caldo de cultivo ideal para la imaginación radical, o sea, para pensar algo y hacerlo como nunca nadie lo ha hecho, y que eso genere un efecto en los otros. A eso llamamos un **CAMBIO RADICAL**.

¿Cuáles son las condiciones favorecedoras para que acontezca un cambio radical?

- Crisis medio ambiental.
- Crisis de la Globalización, fronteras cerradas.
- Crisis de Liderazgo: los que Lideran las organizaciones e incluso el mundo ejemplifican en algunos casos grandes fracasos de gestión y toma de decisiones.
- Crisis económica.
- Crisis financiera.
- Crisis sanitaria.
- Crisis del modelo de negocio tradicional, presencial, no tecnológico.
- Crisis social.
- Crisis educativa.
- Todas las crisis y las derivadas de éstas antes descriptas.

¿Explican estas condiciones el cambio que acontecerá?, ¿surgirá un líder social, un empresario, con una idea que tome estas crisis como impulso a su solución? Tal vez no. Porque el cambio radical nunca se explica por las condiciones que existían, sino más bien por una idea inconsciente de una persona que hace algo que estaba fuera de todos los libretos.

Significado y origen del cambio radical

Pocas veces en la historia se conceptualizan lo que llamaremos Cambios Radicales. **Los Cambios Radicales son aquellos que suceden inexplicablemente ya que, si bien estaban dadas todas las condiciones para que emerjan, solamente pueden explicarse a través de un hecho singular.**

Que una persona haya hecho una cosa que dispara un gran cambio, acción fuera de libreto, inexplicable en su momento, pero reconstruible su devenir luego de un tiempo.

Un cambio radical entonces es como si fuese una serie de eventos lógicos que, en realidad, sin la participación de una persona determinada quizás no hubiesen ocurrido. Con el diario del lunes solemos explicar de manera racional como se llegó a ese cambio, más allá que sabemos que solo una pequeña parte de un cambio radical pudo esa persona imaginar y planificar.

El cambio radical se siente por los efectos que produce en los receptores de ese cambio, en los impactados, y luego la mente intenta explicar por qué pasó lo que pasó.

Ahora, ¿tiene sentido explicar lo que pasó desde una perspectiva de la razón cuando meternos en la cabeza de la persona que propició ese cambio es imposible? Es efectivo adentrarse en el "¿por qué sucedió?". ¿O es mejor tomarlo desde qué ocurrió y ver qué hacemos de útil con ello? Dejamos la respuesta para el propio lector.

En todo cambio que revolucionó a miles de personas en la historia de la humanidad, podemos observar una constante, que hay **algo que se creó y salió de una sola mente**. No existe el cambio en masa, en simultáneo, apareciendo como un pensamiento nobel sincronizadamente y al mismo tiempo en muchas mentes.

Como siempre **es la suma de las acciones individuales que se van acompasando a través de los tiempos**. Algunos pensadores diferirían en cuáles califican o no como Cambios Radicales, pero dudamos que no estemos de acuerdo en que en esta época todos estamos viviendo muchos de ellos.

Cisne negro vs. Rinoceronte gris

En el mundo de los negocios, se habla de los Cisnes Negros. La teoría del cisne negro es una metáfora que describe un suceso sorpresivo, de gran impacto socioeconómico y que, una vez pasado el hecho, se racionaliza por retrospección, se describen sus causas y efectos con la falsa creencia que hubiesen sido posibles de controlar. Esta idea fue desarrollada por el filósofo e investigador libanés Nassim Taleb.

Ejemplos de "cisne negros" según Taleb, son el inicio de la Primera Guerra Mundial, la gripe española o los atentados del 11 de septiembre de 2001. También se ha intentado identificar la pandemia de COVID-19 en marzo del 2020 como un "cisne negro", pero el propio Nassim Taleb ha rechazado esa idea, al considerar que no cumple con los requisitos de su teoría.

Otros analistas no califican a la pandemia por COVID-19 como "cisne negro" sino como "rinoceronte gris" porque era un evento predecible y estaba a la vista.

El rinoceronte gris es algo grande que esta frente a nosotros, pero insistimos en no ver. ¿No se preguntaron por qué el ser humano niega lo obvio? Mismo cuando ese algo lo puede llevar a la destrucción total de sí mismo, ¿es la negación un mecanismo de defensa?

Seguramente sea un acto de defensa del ser humano la negación o la creencia de que lo que ya existe cura en el corto plazo y mata en el largo plazo. Más allá del grado de aceptación del ser humano, las consecuencias o efectos se harán notar e irán a fondo. Es cuestión de tiempo.

La **negación** es la transición del proceso de luto. Cuando se dispara el luto aparece la negación. Es ese tiempo interno, mental y emocional que necesitamos para soltar lo viejo y abrazar lo nuevo.

La famosa charla TED de Bill Gates donde nos avisa del riesgo de pandemia es un modo de argumentar esta idea que a veces los mal llamados Cisnes Negros —eventos atípicos e impredecibles— son Rinocerontes Grises, y que la negación es una primera línea de defensa que todos tenemos frente a los posibles grandes cambios o los cambios consumados, como las crisis.

El pensador Cornelius Castoriadis, filósofo, sociólogo, economista y psicoanalista greco-francés, nombra CAMBIO RADICAL a los eventos transformadores (Estambul, 11 de marzo de 1922-París, 26 de diciembre de 1997). Según su criterio nada de esto que está provocando la Crisis COVID-19 sería en sí mismo un cambio radical o puede provocarlo. Cómo no es un Cisne negro, tampoco es un Cambio Radical.

Los Demonios o riesgos son aquellos que ameritan el diseño de **planes de contingencia** que en este caso no se realizaron y que estaban a nuestro alcance, con simples detalles tales como analizar cuándo es necesario pagar un boleto de avión y dirigirme presencialmente a una reunión en otra provincia o país, y cuándo puedo tener la misma reunión desde Zoom sentado en mi oficina o en el living de mi casa.

¿No la vimos venir o no quisimos verla venir?, ¿será la "inercia mental" que nos tiene enfocados solo en la familia, el trabajo, la casa, el deporte, etc., y en ese círculo vicioso dejamos de ver el bosque, lo que está allá afuera, y que nos habla centena de veces, nos avisa, nos alerta, nos grita, pero optamos por no querer oírlo o verlo?

Motivaciones para el Cambio Radical

Según Cornelius Castoriadis, desarrollado en los albores de los movimientos sociales del Mayo Francés, los Cambios Radicales **están motivados por formaciones inconscientes** y, por lo tanto, **individuales del sujeto**. Los Cambios Radicales son creados en un espacio en donde lo social no llega, donde no hay acceso por la puerta de la reflexión cotidiana, la escritura consciente, la introspección o la conversación.

Esto quiere decir que, si yo le pregunto a un creador los detalles de su creación, este quedará sin palabras e interrumpido en el relato, o me contará una reconstrucción fantaseada de la historia. Cuando habla, parecería que no la sabe o, en todo caso, será un saber no sabido, como formación del inconsciente.

El inconsciente del que hablamos no es la NO CONCIENCIA, o el NO SABER INTUITIVO, sino que hablamos en el sentido psicoanalítico estricto, Lacaniano o Freudiano cuestión en la que no nos extenderemos. Es allí donde se producen los sueños, los síntomas, los chistes, los fallidos, los demonios y las grandes realizaciones, solo accesible a través del proceso psicoanalítico en el consultorio o a través de las formaciones del inconsciente antes citadas sumando, claro está, las de más alta valoración social como las sublimaciones. Ejemplos claros: cualquier hecho artístico o con impacto social que podamos ver. A eso llamamos sublimación.

De la sublimación al emprendimiento creativo

Observemos el caso de MercadoLibre. Ya existía Amazon, Alibaba, eBay y en Argentina también existía Globant, internacionalizando sus servicios de desarrollo de software, como así otros emprendedores realizando sus sueños. Pero una persona, en su casa o en su cama, o como les gusta decir a los norteamericanos, en su garaje, mirando el techo, da un primer paso hacia algo extraordinario, decide formar lo que hoy es una empresa como MercadoLibre que vale el 25% del PBI Argentino, incluso vale hoy 20 veces más que todo YPF con todos sus activos actuales y futuros como Vaca Muerta.

Nos interesa particularmente volver a la visión de Castoriadis, el psicoanalista que postulaba que, al final, los cambios gigantes como los movimientos estudiantiles y la rebelión en las calles del Mayo Francés (una precedente de lo que vimos en Chile 2019 en su versión más actual y palpable), no son cambios sociales en sentido estricto, sino cambios individuales. Hubo una persona que, inconscientemente, hizo algo que no sabemos exactamente de donde le surgió (por eso decimos que no es social porque no bastaba con que esté todo dado para el cambio, sino que se necesitaba que una persona y solo una (como Nelson Mandela para finalizar con el Apartheid) tenga la irracional convicción de acelerar, con una certeza que provenía desde su interior, de sus pensamientos inconsciente más profundos, ahí donde no llegaba nadie ni nada, para que cambie el mundo. **Durante ese cambio radical una sola persona era la palanca que movía al mundo.**

Entonces cabe preguntarnos: ¿somos conscientes del poder de nuestros pensamientos? Esta es una importante pregunta en el camino del entendimiento y la gestión de uno mismo. ¿Somos realmente conscientes de nuestro inconsciente?, ¿somos capaces de entender lo ilimitado del ser?, ¿somos conscientes de que los recursos internos con los que ya contamos dentro de nosotros mismos pueden ser ilimitados?

Tal vez las preguntas correctas no sean estas, sino ¿cómo hacemos para que esa sabiduría interna implosione dentro de nosotros, y luego podamos ponerla al servicio de otro? Esa es la generosidad del acto de explosionar, de explotar, temas que vamos a abordar más adelante.

¿Nos haremos responsables del inconsciente mundo que poseemos para compartir? Veamos algunos casos que nos ilustren y nos inspiren.

Bressia

Vale la pena sumergirse en el siguiente emprendedor para continuar madurando el concepto de cambio radical, aunque esto sea un riesgo ya que la traspolación de la teoría a la práctica a veces es bruta, lo asumimos. Veamos el caso de la Bodega Bressia tomando información pública incluso de su propia Web.

Corría el año 2003, Argentina estaba saliendo de una crisis descomunal, pero con una o varias particularidades en el mercado vitivinícola. A saber: auge del Malbec, consolidación de una Marca País vitivinícola asociada a esa cepa, precios internacionales competitivos para una Argentina con su moneda devaluada y costos en dólares adecuados para producir.

Así y todo, ¿por qué, mientras unos destruidos y arrebatados de su confianza y visión del futuro, deciden o están obligados desde afuera a cerrar y dejar su proyecto, otros como Walter invierten todo en un sueño profundo que viene desde su convicción interior?

En un país desorganizado y envuelto en crisis y decadencia social, Walter Bressia hace una jugada aún más osada, ligada a lo que vamos a empezar a llamar "imaginación radical". Sale con su primer vino de su propia marca de su propia empresa, de nombre Profundo. El ejemplo parece casual.

Analicemos más "profundamente" el caso. ¿Con qué particularidad hace Walter su creación?

No crea un Malbec, sino que inicia la era de los ensamblajes o blends, combinando cepas como el Malbec, Cabernet Sauvignon, Merlot y Syrah. ¿Por qué, si todos hacen Malbec, y pareciera que hay que hacer Malbec, alguien sale con un blend? ¿Por qué, frente a la evidencia de la reciente crisis y la necesidad de pisar firme, alguien transita por la banquina?

Para sacar alguna lección aprendida de este proceso necesitamos reconstruirlo. Lo que sucedió en ese instante, que fue algo fuera del libreto colectivo, es un reflejo quizás de lo que llamaremos "imaginación o pensamiento radical", que provoca Cambios Radicales, puntos de inflexión o de no retorno.

El **Cambio Radical** deriva de una idea radical que es inexplicable, porque aparece y ya. Y sucede en un contexto favorecedor o desfavorecedor.

A la luz de esta experiencia, el contexto parece no ser una variable bajo el control del empresario Walter. Entonces, ¿hasta qué punto es relevante el contexto externo para emprender? ¿No será relevante a efectos de este capítulo atender el contexto de nuestro ser interno?

Como los grandes poemas surgen del dolor, las grandes epopeyas surgen de grandes adversidades. El baby boom de la posguerra mundial o el baby boom en Argentina post crisis 2001 donde situamos el caso Bressia, son eventos que irrumpen desde la oscuridad. Las crisis inspiran locos deseos inconscientes, una irrefrenable creatividad y productividad que aparece de la necesidad y de los recónditos espacios del ser. Ser o no ser, o más específicamente emprender. ¿Desde dónde lo abordamos? ¿Desde la razón, desde la desesperación o desde la iluminación?

¿No hemos comprobado más de una vez que las crisis y la adversidad nos han despertado talentos ocultos, vocaciones olvidadas o ignoradas?

Mac

¿Cómo Steve Jobs creó Apple desde la indigencia, sin comida suficiente, sin dinero para pagar la universidad y durmiendo en sillones prestados? Seguramente se gestaban ahí mismo algunas condiciones que, contrariamente a lo que uno cree, habilitaban la emergencia de un hecho único, inentendible e irrepetible: la creación de la Mac.

¿Hasta dónde nos limita el entorno en que nacemos y nos criamos si hay un hambre interior, una sabiduría oculta que solo debemos saber cómo despertarla? Luego de poner esa sabiduría a nuestra disposición, ella nos guía, nos acompaña, nos hace implosionar una imagen para luego explotar en la acción.

Versalles

Otro testimonio ejemplificador de este proceso es el que refiere a un muchacho de un barrio de clase media como Versalles, (si tienen dudas quién es, no busquen mucho más allá de la tapa de este libro) con un inglés aprendido en horas fuera de su cursada de escuela secundaria de Perito Mercantil. Este muchacho tenía hambre de probarse a sí mismo, quería estudiar y trabajar en el exterior para conocer distintas culturas, personas y países del mundo.

El hambre sostuvo ese foco en el sueño, se rodeó de la gente adecuada que lo terminó de animar, y salió al ruedo. Y nunca, pero nunca, dejó de escuchar su corazón. Así, luego de 8 años de preparación, salió elegido entre el siete por ciento de latinos que por año suelen ingresar a la Universidad de Harvard. Este caso nos muestra que un deseo + foco + plan + disciplina en la ejecución = ¡sueño cumplido!

Moraleja: ¡no más excusas por favor!

Estamos preparando el terreno para generar un cambio radical. ¿Cuáles son las condiciones para que se produzca un cambio radical en mi organización, en mi familia, en mi contexto actual, en mi ser interno?

Si hubiese recetas para el cambio radical, tendríamos la llave del mundo, pero no es así. Lo qué si tenemos son los elementos acerca de contextos favorecedores de las soluciones a problemas trascendentales, como puede ser la supervivencia de nuestra empresa o de nosotros mismos.

Ninguna crisis o adversidad puede afectar nuestros talentos, nuestra sabiduría, lo que ya sabemos que sabemos, y todo lo que ya sabemos que no sabemos. Solo tenemos que determinarnos a descubrirlo, pero ¿cómo?

Fases del Cambio Radical

Fase 1 - Implosión

Según nuestra humilde experiencia, podemos distinguir determinadas fases que guían el proceso de un cambio, radical si es extremo, gradual si es más predecible.

"La creación de un continente que contenga un contenido" suena como obvio, además de sonar como un trabalenguas. Vamos ahora a bajarlo a tierra con una analogía.

Toda gestación tiene su vientre que lo alberga y conlleva su proceso de crecimiento interno. Aplicando la analogía, toda idea que parece loca, irracional o impronunciable no la tenemos que matar. Solo los cobardes o resentidos dirán que estás loco. ¿Sabés por qué? Porque ellos no se animaron. ¡Implosionar con una idea y hacerla crecer es un acto de coraje y por ende hay que ser valiente!

Destaco el concepto valiente y no temerario. Poder y saber darle espacio al proceso de gestación es un aspecto importante para tener en cuenta. Hemos comprobado que una serie de factores aceleran de manera efectiva este proceso de parto.

FACTOR Equipo Chico
Formar equipos de no más de 8 personas (5 o 6 es lo ideal), de diferente edad, género y saberes para pensar problemas y soluciones:

El equilibrio de personas que observen las organizaciones como organismos vivos con una mirada biológica puede ser un plus. Un ejemplo podría ser la frescura de un arquitecto que nunca fue parte de una empresa, pero sabe lo que es mirar los espacios en una oficina y cómo puede, desde su saber, mejorar el clima laboral en un equipo de trabajo presencial. Otro ejemplo sería lo que llamamos un nerd tecnológico, quien nos ayuda a virtualizar en pocos días una operación de 300 colaboradores en 13 ciudades diferentes.

De esta manera, vamos observando que, a veces, cuantas menos personas provienen del management y los negocios, más enriquecen un momento de parto.

Hoy el que más sabe no sabe, y todo cambia tan rápido que el saber es relativo. Bajo ningún concepto estamos recomendando eliminar a los especialistas, contadores, ingenieros u otras profesiones afines, sino que estamos recomendando abrir la cabeza de verdad para que seamos amplios al momento de construir equipos de trabajo para resolver demandas cada vez más ambiguas y complejas. Estamos proponiendo que le demos lugar a cada singularidad y aprovechemos la diferencia y particularidad de cada uno para armar equipos.

Muchas veces parece que no nos interesa siquiera ponernos la misma camiseta. Eso no solo es cierto, sino que muchas veces es contra productivo.

Las competencias que más pesan al momento de la conformación de un equipo, no es solo el oficio técnico de cada miembro, sino los comportamientos y conductas socio-emocionales. La adaptación, la negociación, la comunicación, la observación de lo que pasa adentro y afuera de uno mismo, entre otras.

Para ejemplificar esto, un libro de lectura recomendada es "Leonardo da Vinci: La biografía" por Walter Isaacson, en donde se destacan varias de las características de este genio precursor de la humanidad. Entre sus competencias socio-emocionales están: la gestión de la ambigüedad, la agudeza y la curiosidad en los procesos de observación que son destacados en este libro de manera extraordinaria.

Asimismo, la etnografía es una técnica de investigación social que estudia de manera sistemática la cultura de los diversos grupos humanos. Esta técnica de investigación consiste en observar las prácticas culturales de los grupos sociales y participar en ellos para así poder contrastar lo que la gente dice con lo que hace. Nuevamente la observación de los comportamientos como un aspecto clave.

Hoy en día el uso de la inteligencia artificial es una herramienta que ahorra tiempo, energía y recursos económicos para contar con información masiva ordenada de manera inteligente para facilitar la toma de decisiones.

¿Será una oportunidad contar con esta información privilegiada y que equipos pequeños de personas puedan parir proyectos que comanden Cambios Radicales para la humanidad?

FACTOR Afinidad
Formar grupos por afinidad de intereses, sin buscar solamente la solución de problemas sino más bien, la expansión del ser, de las emociones y del alma:

Cuando recorremos las organizaciones observamos que cada vez existe un mayor número de directivos en sus etapas vitales entre los 40 y 60 años que comienzan a explorar nuevos ámbitos de aprendizaje e introspección como parte de su ocio, como ser: talleres literarios, de teatro, respiración holotrópica, desdoblamientos cuánticos, meditaciones, entre otros.

Al inicio se lo acredita al entusiasmo, cual niño, de aprender algo nuevo, de sentirse mejor. Pero indefectiblemente luego cae la ficha. ¿Y si parte de este nuevo aprendizaje lo aplico a mi organización, la cual lidero, a mi equipo de trabajo, con mis jefes, con mis pares?

Y cuando esa ficha cae, llega también inexorablemente esa pregunta que nos condena: ¿por qué no conocí todo esto antes?

No te maltrates. Lo bueno es que lo conociste ahora y ya estás pensando en cómo multiplicarlo en otros, en cómo hacerlo parte de tu vida laboral cotidiana y evitar ser un ser humano fragmentado, donde en la clase de teatro sos una persona dócil, alegre, obediente, perseverante, y en casa con la familia o en el trabajo con tu equipo, sos un ser hostil, introvertido, rebelde, inconstante.

Esos contrastes son incoherencias que se deben pulir y vale la pena cuestionar y adentrarse en ellas. Siempre y en todos los ámbitos, salvo las crisis que comienzan y terminan, la máscara y la cara deben parecerse lo más posible.

Los psicólogos llamarían esquizofrenia a tal división o fragmentación de la personalidad, producto de que la máscara laboral, también llamada "rol o puesto de trabajo", no fue lo suficientemente cuestionada. O más confuso aun cuando "me compré" el personaje de mi organización o me convencí de que soy ese rol.

En conclusión: toda actividad espiritual, terapéutica, sanadora y/o artística que nos haga más humanos será de sumo valor en el trabajo, fundamentalmente como parte de los procesos de cambio en las organizaciones.

FACTOR Colaboración
Asociarse y colaborar con los que usualmente se compite en grupos por afinidad de objetivos, cámaras o reuniones de intercambio y negociación abierta:

Mucho se habla, ya sea por moda o por conveniencia, del trabajo colaborativo en red. Pero a pocos se los promueve a que lo vivan desde la plena convicción.

Nuevamente, hoy las demandas son cada vez más complejas, complicadas y no se pueden resolver desde una sola mirada como un llanero solitario.

Muchas veces los recursos ideales para colaborar están en la competencia, o no se posee la masa crítica de tal o cual recurso que se necesita para ganar ese proyecto, o no se posee una ventaja competitiva o determinada habilidad, o no se dispone de un equipo más amplio y diverso.

¿Sería una decisión inteligente contratar personas con un perfil que voy a requerir su participación una sola vez? o ¿me sumo a fuerzas que ya preexisten, creando condiciones de colaboración ganar-ganar? La respuesta es obvia, pero ¿por qué no ocurre con frecuencia?

Porque nuestra idea va por la observación de los egos que se juegan, alimentando así la soberbia que hace que prefiera hacerlo **solo** para llegar **más rápido** en vez de hacerlo **con otros** para llegar **más lejos**. Quienes hoy son competidores, mañana pueden ser socios. Estamos a un paso de ese vecino. Los socios, proveedores, clientes, cámaras de las cuales somos miembros, son solo roles y esos rótulos son solo temporarios.

¿Por qué necesitamos momentos de adversidad, como una crisis, cuarenta o pandemia, para trabajar en red, ser equipo y actuar desde el bien mayor a resolver?

Anhelamos que los beneficios positivos de solidaridad y colaboración que están propiciando y acelerando la pandemia por COVID-19 no sea una moda, y la convicción sostenga este propósito más allá de este momento histórico que nos interpela.

<u>FACTOR Ideas</u>
Revalorizar e intercambiar ideas antes de salir a operar, fluir desprejuiciadamente en las ideas:

Pareciera algo simple cuando nos enseñan qué es la comunicación asertiva: **Una comunicación asertiva implica una escucha sensible y empática manifestada en base a hechos que se puedan comprobar con el agregado del uso de la pregunta abierta con el objetivo de explorar soluciones creativas.**

Ahora, ¿por qué es tan difícil aplicarlo en el medio de las batallas conversacionales?, ¿por qué las emociones suelen nublar a las razones?, ¿por qué lo obvio no termina siendo la solución final?, ¿serán los egos de nuevo? o, ¿quién la tiene más... clara?

Una comunicación asertiva implica **grandeza** y **humildad**, y partir de la aceptación de que el otro puede tener una idea más inteligente que la mía. Estos son ingredientes necesarios para el fluir en esas benditas reuniones de trabajo que nos tocan vivir de manera cotidiana.

¿Y si la próxima vez que te toque dirigir o ser parte de una reunión, en lugar de enfocarte en qué vas a decir o preguntar antes que el otro, colocas tu energía en hilvanar lo que se está diciendo y, cual rompecabezas, aportas una mirada para el bien mayor que se pueda estar creando?

FACTOR Espacio y tiempo
Descubrir espacios de trabajo que hoy creemos que no son de trabajo:

A cualquier hora, en cualquier lugar y en cualquier formato podemos encontrar la idea que nos cambie definitivamente. Los traslados por trabajo, salidas de fines de semana, nuestra cama, la ducha, el baño, los momentos de meditación, dónde y cuándo sea. Todos son todos momentos mágicos que los tenemos a disposición y podemos utilizarlos para implosionar.

Es de una soberbia sublime pensar que uno va a elegir cuándo la mente puede dejar de pensar soluciones. Si en una situación cualquiera viene una idea, y vivo ese momento especial, puedo elegir olvidarla o tomarla. Eso no es "no poder dejar de trabajar". Más de una vez hemos comprobado que una idea puede cambiar el rumbo de una situación muy compleja, de un equipo, de una familia entera, y esa idea viene en cualquier momento, no necesariamente de 9 a 18 horas.

Limpiemos la culpa de que "mi mente no puede parar de trabajar" y capitalicemos esos espacios, ese hermoso soliloquio que es poder dialogar con uno mismo. Basta de excusas de falta de tiempo, de que no se puede parar, de que estoy cansado, de que ahora no voy a pensar porque estoy de vacaciones, etc. El no permitirse momentos de vestuario con uno mismo es muestra de falta de coraje, y habla más de no querer jugar el juego que de querer jugar el juego a fondo.

FACTOR Positivismo trágico
Cuanto más difícil se pone una situación, más debemos invertir en buscar la solución, perseverar, ser tenaz e insistir, aunque todos digan que no:

La perseverancia y la obstinación parecen dos caras de la misma moneda, pero no lo son. **La perseverancia es una virtud y la obstinación es una deficiencia.** ¿Cómo diferenciarlas? Solo desde la intención interna uno sabrá si está actuando desde una o desde otra.

Si considero que tengo los recursos internos y externos para avanzar, pero dejo de hacerlo, es porque elijo no ser perseverante.

Si no tengo las capacidades para llevarlo adelante, y mi ego, expresándose desde mi voz interior me dice, desde una voz quimérica, ¡vos podés!, eso es obstinación. Aquí se cuela el ego para querer demostrarle a otros que podemos resolver la situación, pero para quedarnos infelizmente a mitad de camino, generalmente haciendo el ridículo y con un amargo sabor a fracaso.

FACTOR Inconsciente
No ser "No Consciente", sino liberar el inconsciente, lo profundo o inaccesible, dejando fluir los sueños, errores, furcios, síntomas y, sobre todo, la sublimación, para crear escenarios jamás pensados, vividos o vistos:

Parte de la máscara del rol laboral imprime en nosotros la idea de que al psicoanalista o al astrólogo se va como una práctica personal e individual que nada tiene que ver con lo laboral. O, en el mejor de los casos, si lo tiene, es como una secreta visita al oráculo, o un lujo de los artistas quienes sí pueden declarar, no solamente que van al psicoanalista o al astrólogo, sino también a cuáles van.

El inconsciente o lo irracional tiene que ser parte de la producción. No pueden fantasearse momentos de innovación disociados del proceso de producción de esa idea supuestamente innovadora. La producción y la ensoñación son procesos continuos, al igual que lo es el proceso laboral.

Fase 2 - Explosión

Todo aquello que permita que esas ideas raras, producciones colectivas y los factores puestos en juego circulen hasta su concreción final será la clave del cambio, es decir, lo que suele llamarse procesos de innovación. Aquí nos ponemos ingenieriles para abordar, solo por un ratito, el proceso creativo y de innovación.

Curar las ideas a tiempo y con oportunidad:

No debemos descartar las ideas porque parecen tontas o porque alguien nos dice que no es el tiempo de arriesgar. Les proponemos que las guarden en un cofre como si fueran un tesoro, pues las ideas lo son. Luego nuestra inteligencia, el estar atento y el saber leer el contexto nos dará la oportunidad de sacar lo mejor de ellas.

Las ideas nos activarán el sentido común, el cual nos ayudará a decidir si llegó o no el momento de sacar tal o cual idea.

Actualmente hay repositorios de todo tipo para guardarlas, dejarlas estacionadas, como se suele decir en formato "parking lot", para atenderlas en otro momento. Hoy cualquier dispositivo, a través de la escritura y el audio, nos permite capturar cualquier idea producto de la observación de nuestro quehacer cotidiano. Lo que sí es necesario es activar la disciplina de comenzar con ese proceso de captura. Recuerden siempre ver cada idea que llega como un regalo del universo, como una oportunidad de realización.

Hacer un piloto, un "Mínimo Producto Viable" que se vea funcionando:

El famoso "MVP" (Minimum Viable Product) ¿es una moda o una imperiosa necesidad?

El MVP es una versión de la idea de buena calidad, que funcione, que sea escalable, comercializable, y que se pueda insertar en el mercado. En otras palabras, es una porción evidente, transparente y tangible de aquella idea más grande o faraónica que soñamos dormidos.

Todo lo grande empieza en algo tan pequeño como un sueño. Toda casa fue primero un pensamiento en la mente de un arquitecto. Pero nunca dejan de ser tan grandes como se lo soñó. Solo que se desarma en pequeños pasos, ¿se entiende la analogía?

Hacer testeos del producto con el mercado y los clientes es un pequeño paso, como hacer una prueba de verdad cada vez que pueda probarse. Hacer elucubraciones acerca de cómo funcionará, de por qué no va a funcionar, de planillas Excel con números teóricos y con escenarios hipotéticos completos de prejuicios totalmente quiméricos es, en reiteradas ocasiones, una pérdida de tiempo.

En cambio, salir a mostrar ese producto, dejarse llevar por el corazón, bancar el "no" de los primeros tiempos, dejar el ego y la autoexigencia de la mala de lado, son fundamentales para hacer realidad los sueños.

En el camino, mantener aguda la escucha activa, la reacción ágil para poder corregir rápido y seguir adelante, aprender de los pequeños desaciertos y fracasos tempranos, nos llevarán al éxito en un proceso de aprendizaje en espiral.

A eso agregamos tomar los resultados de esa sucesión de pruebas y correcciones y medir siempre que se pueda medir para tomar nuevas decisiones basadas en los datos duros que nos arroja la experiencia.

Escalar la idea que ya es un "MVP":

Escalar la idea implica incorporar los datos al incremento del producto, poner a disposición la idea en funcionamiento para que alimente otra idea, donde el cambio sea inevitablemente enriquecedor y propague un cambio en lo colectivo, grupal, organizacional o social. Para expandirse, el pensamiento radical que originariamente conceptualizamos como una idea sin formato, un sueño, un chiste, un error, necesitara un ambiente favorecedor que propicie la aceleración de ese proceso de adopción de esa idea salida de libreto en las personas impactadas.

Para ir cerrando la noción de este proceso de Cambio Radical, hacemos foco en que estamos en un contexto de cambio radical, favorecido por una crisis radical, por lo cual es altamente probable que aparezcan soluciones radicales.

De este laberinto, por ahora, no se sale recorriéndolo una y otra vez, porque nadie lo conoce, nadie lo vuelve a caminar tantas veces como para establecer las reglas y actuar en base a precedentes. Nadie sabe cómo es exactamente el laberinto, cuánto dura, de dónde viene, ni hacia dónde va.

Recorrer este camino desconocido e impuesto requiere de un acto de **coraje**, de dejar de lado "el qué dirán" y animarnos a equivocarnos de manera consciente e inteligente. Elegir de antemano qué buscamos aprender de cada experiencia nueva que vamos a emprender, y así lograr salir otra vez del laberinto por arriba, como marca Marechal.

¿Seremos nosotros los que imaginemos el Cambio Radical? ¿Podrá ser que tengamos más a mano de lo que pensamos una idea la cual, bien ejecutada, puede generar un cambio radical ante tanto contexto adverso y hostil?

Desde dónde elijamos estar parados, ya sea desde la desesperación o desde la creación, dependerá el resultado que obtengamos.

¿Quiero realmente explotar?

Si decidimos explotar es porque ya procesamos el cambio. Explotar sucede cuando nuestro corazón nos dice: "saltá". Entonces ya estamos listos, y accionamos.

Pero ese acto de coraje que atraviesa aquel que salta, debe estar respaldado por la convicción que el piso no está lejos. Es más, necesita la convicción de que HAY un piso, y que no caerá a un vacío eterno que lo dejará fuera del juego. Debe poder palpar un nuevo equilibrio incipiente, una ganancia temprana, un primer indicador de éxito. Debe, en el primer tramo del largo camino, poder responderse: ¡ese salto valió la pena!

Cualquier persona que decida explotar seguramente haya pasado por una serie de procesos internos y externos, más o menos sistemáticos, para emprenderse a la aventura. En el mejor de los casos, habrá experimentado la paciencia del escalador en el campamento base, entrenado. Tal vez haya implosionado antes, encontrado su propósito o un fragmento de este.

Así, la explosión y la implosión serán parte de un proceso continuo, una danza que nos equilibra, ahora sí dos caras de una misma moneda.

Algunas personas podrán enfrentar el cambio, e incluso, una explosión consistente con un modelo único, como podría ser el Coaching, o una nueva profesión, como ser SCRUM Master (por citar otro modelo, es decir, una de las llamadas Metodologías Ágiles, que, en su concepción, suma saberes y experiencias del Management japonés, LEAN, Problem Solving, etc.).

Dichas personas (las que cambian bajo la disciplina de un modelo preestablecido, por ejemplo, SCRUM) aprenderán el nuevo modelo, lo practicarán hasta convertirlo en un hábito, y ese hábito, ya hecho conducta en el afuera dará lugar a la explosión sin que necesariamente haya ocurrido implosión alguna.

Ahora, ¿se puede explosionar sin haber implosionado primero?

Muchas veces un modelo conceptual o abordaje metodológico, ordena, estructura o refina lo que ya somos, lo que ya sabemos, lo que ya hacemos. Ese tipo de modelo conceptual o abordaje metodológico nos hace cambiar para mejor en pequeñas raciones (lo que los japoneses, desde los años 50 con el Modelo Toyota, llaman Kaizen en los procesos de mejora continua), nos hacen observar con nuevos ojos lo que ya veíamos o le pone nombre a lo que ya sabíamos intuitivamente.

Pareciera que algunas personas explotan bien, sin haber implosionado antes y, en este sentido, se parecen más a la mejora continua —como recién explicitamos— que al cambio radical. Más que cambiar, mejoran. Y, tomando una serie de pequeñas mejoras, terminan cambiando hacia una mejor versión de sí mismos.

De esa manera, ejerciendo sistemática y gradualmente nuevos hábitos, logran el cambio y a veces la explosión se hace presente. Esto ocurre cuando los demás te ven brillar en una disciplina u oficio que no es afín a lo que estudiaste o te preparaste largos años de tu vida, y de repente vos te ves brillar, y te preguntas, ¿y esto de dónde lo traigo, de dónde me viene?

¿Cuánto importa la respuesta a esa pregunta? La clave acá radica en que sentís que diste en la tecla, es algo que fluye desde tu pensar, sentir y hacer. Tal vez, el misterio es que solo estás perfeccionando lo que ya traías en tu propia herencia, es tu vocación o al menos una de ellas.

Siempre se trata de saber qué queremos hacer, porque eso en formato de pregunta llevará a la respuesta de qué puedo pedirme, cuánto puedo exigirme, qué vara debo usar para medir mi avance hacia lo nuevo. Siempre será de gran ayuda reflexionar antes de cambiar, y no necesariamente será el inicio del proceso de cambio una implosión repentina. A veces consistirá en interpelarnos a nosotros mismos, ir paso a paso, respetar un proceso de cambio metodológico con disciplina.

El Modelo ADKAR de Prosci® suele ser una buena guía para diagnosticar la capacidad de cambio personal y organizacional y su gestión. Se denomina ADKAR por el acrónimo en inglés de sus iniciales: Awareness (conciencia), Desire (deseo), Knowledge (Conocimiento), Ability (Aptitud), Reinforcement (Reforzamiento).

Este modelo nos estructura conversaciones con las personas impactadas por un cambio particular para contar con un diagnóstico que demuestre cuánto esa audiencia está preparada para cambiar, si la persona tiene la conciencia adecuada acerca del cambio que se espera, la motivación, el conocimiento, las habilidades o si necesitan algo más para cambiar.

Modelo ADKAR

1 AWARENESS - **CONCIENCIA:** ¿Tienen las personas conciencia del cambio que hay que realizar?, ¿en qué grado y con qué elementos lo comprenden? No hablamos solo de conciencia acerca de ellos mismos, sino también acerca de si los otros, su equipo, la organización como un todo, tienen el entendimiento del cambio que hay que realizar y sus beneficios asociados.

2 DESIRE - **MOTIVACIÓN O DESEO**: ¿Quieren las personas cambiar? Esta pregunta lógicamente viene después de haber resuelto el punto anterior, ya que es deseable tener un rumbo. Saber qué es lo que queremos cambiar supone conocerlo. En este punto todo estará centrado en la motivación: ¿estamos dispuestos a soltar algo en pos de ganar otra cosa? ¿Qué es lo que concretamente cambiaremos a partir de hoy?

3 KNOWLEDGE - **CONOCIMIENTO**: Bajo el supuesto de que la motivación estuviese resuelta y estando frente a personas, equipos y toda una organización dispuesta a cambiar, necesitaremos medir el conocimiento, o sea, medir si sabemos lo que tenemos que saber para poder cambiar.

4 ABILITY - **APTITUD**: Siguiendo la línea lógica, luego vendrá la prueba de la verdad: ¿tienen las personas las habilidades que el cambio requiere?

5 REINFORCEMENT - **REFORZAMIENTO**: Por último, y ya en proceso de cambio, es probable que una persona, o sectores completos de las organizaciones, necesiten reforzar determinadas habilidades que el cambio requiere.

El lector atento ya podrá entender que, a través de este modelo, se pueden estructurar interrogantes alrededor de 5 aspectos los cuales, al comenzar o finalizar la evaluación de un nuevo modelo de negocio y el escrutinio de escenarios de futuros posibles, pueden postergar o desarmar un proyecto en marcha.

Lograr obtener respuestas a estas preguntas propuestas por el ADKAR, ya es un acto de coraje. Antes de saltar debo responder claramente los puntos 1 y 2, antes que los puntos 3, 4 y 5 los cuales son meramente instrumentales, a pesar de que muchas veces comencemos al revés. Veamos los puntos 1 y 2 nuevamente:

- Punto 1: ¿Qué quiero cambiar? Awareness – Conciencia.

- Punto 2: ¿Quiero cambiar?, ¿estoy dispuesto a saltar? Desire – Deseo.

En varias ocasiones necesitamos transitar el camino inverso para implosionar, es decir:

- Conocer, saber (Knowledge), practicar nuevas habilidades (Ability), para decidir un cambio, un deseo (Desire), acerca de algo nuevo que no sabemos exactamente qué es, la conciencia (Awareness).

Comenzar por la **A** (AWARENESS - CONCIENCIA), implica el desafío de implosionar, de lograr una conciencia lo más acabada posible acerca del cambio que se viene o del cambio que yo quiero. Podríamos decir que es expandir la conciencia.

Te acercamos un **guía de preguntas** basadas en nuestras experiencias y en el modelo para comenzar por la **A** (AWARENESS

- **CONSCIENCIA**) y la **D** (DESIRE - MOTIVACIÓN O **DESEO**) en un proceso de cambio personal:

1 Conciencia:
   a. ¿Qué querés cambiar?
   b. ¿Crees que es el momento para hacerlo?
   c. ¿Qué sabés y que no sabés?
   d. ¿Qué saben y qué no saben tus contactos más cercanos?
   e. ¿Necesitas soporte? ¿Quién te va a ayudar, un profesional, un socio, tu pareja?

2 Deseo:
   a. ¿Tenés ganas de cambiar?
   b. ¿Qué cosas nuevas vas a hacer a partir de ahora?
   c. ¿Crees que las personas de tu círculo de confianza quieren cambiar con vos?
   d. ¿Qué estás dispuesto a soltar?
   e. ¿Vas a arriesgar? ¿Qué y cuánto vas a arriesgar?

Los modelos tradicionales para evaluar un salto, una explosión controlada, como podría ser el FODA (Fortalezas, Oportunidades, Debilidades y Amenazas), miden más y mejor aquello que se **debe** hacer, y no tanto aquello que **queremos hacer.**

El FODA resuelve bien y amplifica mediante una técnica, la conciencia del cambio, pero nada dice del deseo, de las ganas de romper el confort e ir verdaderamente hacia otro lado. Paradójicamente, es en el Deseo donde se corre tanto o más riesgo que la conciencia, ya que los cambios implican caídas, dolor, improductividad, incertidumbre. Y aquellas revoluciones que pueden mostrarme distinto hacia el afuera, las explosiones, me pondrán en situaciones que cuestionen la motivación: ¿valió la pena?

Respecto a las organizaciones en las cuales nos movemos en cantidad de ocasiones advertimos que se malgastan grandes posibilidades en tiempo y dinero en capacitaciones y tecnología, sin antes o en simultáneo, preguntarle a la gente clave si quiere ir hacia el nuevo rumbo, si quiere cambiar. A veces el mismo dueño o equipo de alta dirección no muestra convicción hacia ese nuevo futuro, y todos siguen como si eso fuese gratis, y queda nuevamente el interrogante inconcluso: **¿Quieren cambiar? ¿Quiero cambiar?**

Implosionar Bien, Implosionar Mal

Siguiendo con lo que veníamos hablando, podemos convenir que **IMPLOSIONAR es vivir una revolución interna, sin síntomas graves ni dolor prolongado.** Eso no significa sentir plena comodidad con el proceso o tener completa ausencia de dolor, ya que transitar revoluciones, transiciones fuertes o eventos de quiebre seguramente se relacionarán con angustias, llanto interno, dolor del cuerpo, y traerá aparejado cierto pesar.

Sin embargo, cuando hablamos de **implosionar bien**, hablamos de la implosión de la buena, de la revolución efectiva. Cuando nos referimos a ella, decimos que esa implosión **genera bienestar a largo plazo**. Es el tránsito de una etapa de trabajo interno que puede implicar mayor o menor dolor, pero que al final, provoca luz, claridad, renovación, foco, sentido de autenticidad y plena sensación de estar haciendo lo correcto.

En el otro extremo está **implosionar mal**, que es completamente otra cosa. **Implosionar mal** es ir hacia adentro para enfermarse, para caer en la depresión, sin método, sin guía, sin ayuda. Desde un estado solitario y aislado en lugar de reflexivo, el que implosiona mal se enferma en la confusión y ambigüedad. No está triste, está deprimido; no está estresado, sino que está ansioso; no se pone en alerta, sino que vive la alerta hasta el desgaste. Implosiona como una bomba destructiva hacia adentro, en contraste con el que implosiona bien, como una bomba creativa e ilimitada.

Explotar Bien, explotar Mal

¿Una implosión buena generará inexorablemente una explosión positiva? Las implosiones buenas generalmente se asociarán a cambios por oportunidad, búsquedas conscientes de nuevos desafíos, novedosos modos de ser y de hacer. La implosión mala será reactiva a una necesidad del entorno, una respuesta descontrolada a los cambios externos, como ser una crisis externa.

Hay opciones a la hora de cambiar, pero las más explícitas y contrapuestas son dos:

- **Cambiar por estímulo** (oportunidad), porque me lo propongo, busco en mi interior y presiono hacia la implosión.

- **Cambiar por necesidad** (crisis), sin propósito, sin ver con claridad, como reacción al exterior. Cambio porque sucedió algo que provoca síntomas o reacciones incontrolables que determinan cambios azarosos.

Existe una relación lógica entre las crisis y los cambios, entre las implosiones y las explosiones.

Determinamos que la explosión es la resultante de un proceso interno (implosión). Las **explosiones buenas,** por lo tanto, serán las sublimadas, las que han pasado por un proceso de trabajo tal que permitieron pulir las ideas, las contradicciones, los dilemas, las angustias existenciales, los conflictos, etc.

Son distintas situaciones que provocan "revoluciones internas" que se manifiestan y resuelven a través de expresiones artísticas, libros, cuentos, ideas, poemas, el uso del cuerpo, los sueños, los furcios, que luego se pueden transmutar en nuevos negocios, planes o formas diferentes de relacionarnos con el mundo, como, por ejemplo, explicitando un nuevo propósito, o si somos personas de acción, en un nuevo negocio.

Las **explosiones malas** serán síntomas, rebeldías contra el afuera, catarsis, algo confuso que en el mejor de los casos termina y ya, y en el peor escenario, continúa hacia resultados caóticos e inciertos. Los crecimientos descontrolados de las PYME que los llevan al colapso también ingresarían al inventario de las explosiones malas.

Las explosiones vendrán apalancadas por implosiones que generarán fuerzas de cambio, a favor o en contra de las personas, los grupos sociales o las organizaciones de las que formamos parte. Esas fuerzas del cambio pueden irrumpir desde afuera en forma directa como crisis, que van en contra de nuestra esencia, deseo, negocio, propósito; o ser generadas desde adentro, por nosotros mismos, buscando un cambio que puede incomodar a algunos, pero a través de un proceso premeditado.

La implosión buena la asociaremos a veces con un mecanismo de premeditación consciente que puede incluir el procesamiento del inconsciente también. **La implosión mala** se presenta como consecuencia de una fuerza externa, tardía, reaccionaria e involuntaria, No consciente. La implosión buena conllevará gran carga de tiempo personal para reorientarla (tiempo de calidad), entre ella demandará esfuerzo en recursos físicos, mentales y emocionales. Un ejemplo en lo económico sería si el derrape impactó en los negocios y la economía personal. De salud y temas humanos, si generó síntomas y enfermedad, incluso el esfuerzo de chocar contra muros que parecen infranqueables como todas las certezas económico-financieras del modelo de negocio u organización de vida personal, los clientes y el mercado.

Un ejemplo es cómo explicarle a mi equipo que debe refocalizar su trabajo y dedicarse a otra cosa, mostrarle en quiénes deben invertir el dinero, dónde poder hacerlo. O mostrarme a mí mismo en qué debo invertir mi tiempo y lo que quizás me llevó una vida construir, dirigirlo hacia otro lado, trabajar de otra cosa, ser otra cosa, dejar de ser cosa para ser un sujeto protagonista de mis decisiones y gestor de las consecuencias de las mismas.

Los cambios internos pueden ser mal procesados o ficticios, generados para la platea si finalmente se trata de una implosión rápida y controlada a medias, producto de la falta de tiempo y esfuerzo, o darle un encuadre inadecuado o sin una guía profesional.

Un cambio de vestimenta, cambios físicos hacia la estética, cambios alimentarios drásticos hacia el veganismo y cualquier tendencia social combinada de forma extrema. Aunque cada una sea intrínsecamente interesante y válida, serán cambios no sustentables en el tiempo.

Asimismo, si tomamos esos cambios como una rebelión bizarra apilando esos cambios uno tras otro, sin profundizar y sin darles un marco de sedimentación y construcción escalonada y entramos a sumar locamente yoga, más veganismo, más bioenergética, más abandono del alcohol, más todo lo que haya que hacer para pertenecer adolecentemente a un nuevo grupo de referencia, en breve estaremos en un naufragio y sin rumbo claro de cambio.

Implosionar bien tiene gradientes y puede incomodar y mucho, hasta el punto de que a veces nuestra identidad anterior puede verse afectada. Y es probable que los otros registren cierta ridiculez, como un personaje, en el caso que los cambios no estén lo suficientemente asimilados, no se les dé tiempo para su lógica asimilación.

Cada vez que suceden implosiones, acontecerán cambios que, hasta en el mejor de los casos, pueden parecer fuera de lugar, inoportunos, rígidos, como si habitáramos un disfraz. Pero si se le da el tiempo para su correcta asimilación, sedimentación y acomodación, será el camino más eficiente y eficaz hacia implosionar bien. A veces hay que bancarse la transición entendiéndola como parte del proceso, siendo este un requisito sine qua non para el éxito.

La otra opción de implosión, que es la que llamamos mala, la reactiva, la que funciona como una respuesta al embate exterior, enferma o sintomática, que opera a ciegas, incomoda muchísimo más al que la padece y tal vez, a todos los demás, porque daña.

Si antes nos referíamos a las implosiones buenas y sus consecuencias, porque las personas hacían un trabajo más o menos consciente, esforzado o sistemático para cambiar porque decidían tomar riesgos y transformarse para lograr algo nuevo, aquí, cuando mencionamos los cambios más virulentos producto de la implosión descontrolada, hablamos de los cambios que vienen sin llamarlos, y nos impactan de frente como los autos impactan a los peatones sin preguntarles, sin conciencia, sin registro, sin preparación, sin planificación.

La explosión resultante, lo que la gente verá, será la explosión mala, el "cambio por necesidad o crisis" que resultará de dicha explosión. Será más cruento, caro, enfermo, incómodo y destructivo que el derivado de una implosión buena.

Sin embargo, muchos de nosotros, nos sentimos paradójicamente cómodos cambiando por necesidad/crisis en vez de por estímulo/oportunidad, cambiando cuando no nos quedan alternativas, cuando tocamos fondo sin buscar el fondo, procrastinando todo lo que era simple de resolver, y lo transformamos en complicado por el paso del tiempo, hasta el día que esa procrastinación implota.

A otras personas, la misma crisis los encontrará implosionando, los oportunistas del cambio estarán conversando entre ellos, con sus psicoanalistas, coaches, socios o amigos y así estarán preparándose para el siguiente nivel. Por ende, las crisis los encontrarán con algo más de saber.

Aquellos que por convicción venían apostando a cambiar, por ejemplo, estudiando nuevas carreras, buscando nuevas oportunidades laborales, colaborando y asociándose con otros, la implosión los encontrará más livianos, más preparados, en otras palabras, con viento a favor. En estos casos, la crisis será un **"factor de aceleración"** hacia el camino correcto y los hará dirigirse hacia donde ya estaban yendo, al menos en sus deseos.

Cualquiera que participó de cambios importantes, que afrontó el cambio alguna vez por estímulo y otra por necesidad, sabe que el cambio reactivo es radicalmente más caro, más duro, indigerible, hasta aniquilador. No nos da tiempo de aprender, ni sabemos por qué estamos donde estamos. Como un barco de papel en un tifón o en el maremoto, por desesperación caemos donde podemos. Nada más caro que la vida de la empresa o de nosotros mismos para enfrentar durante y luego de la caída.

La crisis nos enviará directo a la implosión mala, explotaremos en una versión irreconocible y triste de nosotros mismos como destino, y en el mejor de los casos sólo por esos caprichos de azar, podría lograr transformarnos en mejores jefes, accionistas, colaboradores y personas. Pero es como dijimos, de forma realmente azarosa.

En cambio, cuando la implosión es una vivencia permanente y premeditada de búsqueda interior, la crisis será un capítulo más, una parte del camino, un beneficio logrado desde una mirada de protagonista y no de víctima. Esa persona luego no se culpará así mismo de no haber hecho lo correcto, lo que su corazón le dictaba. Por una sencilla razón: esa persona estaba escuchando sus latidos, estaba resonando con ellos, desde el primer momento en que comenzó a tomar conciencia de que se aproximaba la tormenta.

Psicología de la Implosión y del Estrés

Implosión y estrés

Cuando hablamos de implosionar, sabemos que gestionamos riesgos. En este tipo de proceso, cambiar puede implicar destruir, destruir puede doler, el dolor puede enfermar, la enfermedad puede hacerse crónica.

El correlato clínico o psicológico de la serie que acabamos de construir podría ser:

1 Las alertas generan estrés.

2 El estrés genera cambios fisiológicos, hormonales y pensamientos hacia el futuro que pueden, en la medida de no estar bien canalizados, provocar estrés crónico o ansiedad, cuadros depresivos o de autodestrucción.

Es interesante en este sentido ver los trabajos de Eduardo Keegan, quien describe muy acertadamente cómo el estrés se vuelve un problema en la medida que los pensamientos futuros van retroalimentándolo, generando así más ansiedad y estrés crónico.

Hablemos del estrés

El primer paso de esta serie, el estrés, no es negativo en sí mismo. De hecho, es adaptativo. Cuando hablamos de estrés nos referimos a reacciones que conocemos, escuchamos y nos resuenan cada vez que nos dicen que nos ven estresados, fatigados, y nos encontramos con problemas para dormir, con síntomas físicos como los estomacales, alergias, dolores de cabeza, triglicéridos altos e hipertensión.

El estrés, como concepto psicológico, es una palabra técnica que debemos tomárnosla en serio. El estrés puede ser un problema, porque además de existir como una respuesta adaptativa, genera problemas nuevos. Lo primero que nos interesa saber sobre el estrés es que su señal, su aparición, nos invita a cambiar algo para mejor.

Por estrés, el cuerpo y nuestras conductas y hábitos pueden modificarse y cambiar para dejar atrás lo viejo. Desde la reacción a la huida adaptativa e instintiva, hasta los cambios reflexivos convertidos en nuevas conductas alimentarias, deportivas y/o sociales, todas conductas de cambio que se articulan hacia un fin común: reducir el estrés.

Cuando, por ejemplo, una persona se nos presenta y observamos en ella cierto descarrilamiento, es decir, una versión exacerbada de su personalidad, transpirando, agregando más presión y mostrando agresividad al hablar, podemos intuitivamente doblar el hierro en caliente y tratar de redirigir esa tensión y energía mal conducida hacia un fin mejor.

Es allí cuando cobra sentido hablar del **propósito**, intelectualizar el problema (o sea pasarlo por la mente, conciencia, intelecto) para decidir junto con esa persona, si vale la pena el gasto de energía. Y si es así, podemos decidir hacia dónde orientarla. Canalizar la energía puede reducir el estrés, o al menos lo que comúnmente llamamos estrés. También es posible reducir el gasto energético a través de una correcta respiración o una rutina alimentaria y de ejercicios saludables.

Pero para profundizar en la comprensión, la primera palabra que usaremos para entender de qué hablamos cuando hablamos de estrés es **"alerta"**. La definición de alerta según la RAE es una *"Situación de peligro a la que se debe vigilar o tener atención"*.

Por ejemplo, el COVID-19, entendido como algo que invade desde afuera hacia adentro, desde lo animal e instintivo hacia lo humano y supuestamente racional y diferente, evolucionado, podríamos decir que disparó múltiples alertas personales, como lavarse las manos todo el tiempo, desconfiar de la gente, dejar de aproximarse a otros, incluso hijos, padres, abuelos.

La cuarentena, que es un estresor diferente al COVID-19, ya que es la decisión social de afrontamiento mediante la evitación, nos pone en alerta también, agudizando la respuesta adaptativa ya que es algo atípico, es un encierro impuesto, que nos cambia drásticamente la organización personal, laboral, de pareja y nos lleva, en los mejores casos, a reaccionar para responder adecuadamente a un cambio fuerte e impuesto desde afuera.

El estrés se asocia generalmente a las conductas automáticas o corporales, como transpirar o perder el sueño, pero también se refiere a los pensamientos asociados y a las estrategias conscientes o emergentes de afrontamiento para evitar el problema. Se asocia a una alerta que se dispara frente a algo que viene a derribarnos las certezas.

Implosión del estrés

El estrés entonces implosiona nuestro cuerpo, pero también nuestros pensamientos, en formato de preocupación. Y esa implosión de pensamientos suele explotar en nuevas conductas. Listemos algunas de ellas para comprender mejor de qué estamos hablando:

- Vigilancia y mayor control de temas que nos demandan energía, la cual es malgastada o desperdiciada en cosas que antes no nos requerían ningún esfuerzo (ejemplo: lavarnos las manos 50 veces al día en vez de 5).

- Aislamiento social en el propio hogar, en la pareja, en un clan demasiado pequeño que cambia el modo de socializar, nos achica las posibilidades; incluso en los que viven solos puede llegar a generar problemas graves.

- No tocarse con otros, no acariciarse, no abrazarse, hecho que atenta contra nuestra cultura latina.

- Vuelta al individualismo, a preservarse, ya que cuidarse a sí mismo es prioritario. Las personas de riesgo como asmáticos e hipertensos están obligados a anteponer su necesidad a la de los demás, por ejemplo, no atender a niños o a adultos mayores dada la propia condición de población de riesgo.

- Competencia en lo laboral por los puestos de trabajo existentes, vuelta a conductas para salvarse uno a costa del otro, antes que el barco se hunda. La decisión de no visitar a los adultos mayores para no infectarlos, además de reflejar altruismo y conciencia, puede estar significando competencia a la vez, porque el que no sale a la calle y no se expone, aumenta sus posibilidades de supervivencia sobre el otro, que además de ser un adulto mayor y más vulnerable per sé, deja de recibir el apoyo social.

El estrés y la implosión como potenciadores de cambios

Hay algunas conductas positivas que se derivan de las alertas también, ya que pueden existir casos donde ante la misma situación se reacciona de otra forma, y la explosión resultante favorece cambios positivos, por ejemplo:

- Aumento de la colaboración y solidaridad para enfrentar una crisis comunitariamente.
- Aumento del cuidado personal, entrenamiento físico, cocinar y comer sano.
- Búsqueda activa de nuevos negocios y mercados, reinventarse.
- Búsqueda social de objetivos comunes, ruptura de la automatización.
- Digitalización y mejora de procesos y trabajos que eran presenciales, improductivos y de bajo valor.

Las conductas también pueden enriquecerse y volverse contemporáneas. Las cosas se pueden acomodar bajo estado de crisis, encaminarse hacia donde deberían estar o haber estado, o pueden, por el contrario, llevarnos a lugares oscuros e indeseados.

La evidencia social y la experiencia sanitaria indican que es raro que algo traumático per sé, como una pandemia o una cuarentena impuesta, produzcan efectos positivos en lugar de negativos. Después de todo es una crisis, un cambio a priori para peor y nos da el ejemplo de la implosión provocada desde afuera, de los efectos psicológicos que suelen producir las crisis y los grandes cambios repentinos sin la posibilidad nuestra de poder asimilarlos bien, con buen timing, y con aprendizajes instantáneos.

El "duelo" es otro proceso psicológico que se pone en juego frente a los cambios, sobre todo las pérdidas, claro está. En el mejor de los casos, una implosión controlada de más o menos seis meses de duración transita desde la negación, el enojo, hacia el compromiso con el cambio y la aceptación final.

Las crisis prolongadas e incontrolables, como cualquier cambio que no termina de decantar en una meseta de tranquilidad, podría alargar el proceso de duelo, dejando a las personas a merced de su mejor estrategia de afrontamiento posible, sea el enojo, la negación, el síntoma o alguna estrategia más sofisticada, como la sublimación, la aceptación o un cambio para mejor. La buena noticia es que el estrés y la implosión siempre van de la mano, el estrés potencia cambios.

Ahora observemos como estamos por casa. ¿Estamos estresados hoy? Más específicamente podríamos preguntarnos: ¿estamos en alerta, dormimos mal, tenemos dolor de cabeza, de panza, aumentamos de peso, se nos cae el cabello, estamos preocupados, proyectamos preocupaciones hacia el futuro y creemos que las cosas no mejorarán?

Si la respuesta a varias de las preguntas es que "sí", esto exige llevar adelante cambios para solucionar aquello que está generando el síntoma, o inclusive en algunos casos, tapar el síntoma con un remedio. Hasta la peor estrategia, como negar o tapar, dispara un cambio.

El estrés no es algo malo en sí mismo, ya que cuando percibimos algo como amenazante y está en juego nuestra vida, nuestros vínculos, nuestras certezas, nuestro puesto de trabajo o nuestra empresa, este estrés sirve para responder rápido y enérgicamente. Es decir que el estrés provoca un gasto de energía en exceso para responder frente a un ataque externo, provocando una implosión de energía para explotar, responder y adaptar nuestra vida al nuevo contexto de cambio.

Ese estrés se genera frente a una amenaza real, como el posible cierre de la empresa, una nueva ley que coarta nuestras actividades, o una sequía para el productor agrario. Pero, además, el estrés puede generarse por una amenaza percibida, es decir, la preocupación que sentimos frente a los problemas evidentes y otros asociados a ellos, a veces inventados o creados a partir de unos pocos datos. Nuestra relación con la incertidumbre será clave ya que llenar o completar los datos faltantes es una reacción natural en búsqueda de un statu quo, de un volver a un espacio de seguridad, reduciendo o queriendo así reducir el estrés.

El problema no es el estrés y la implosión que moviliza, sino la preocupación desmedida o la explosión inadecuada, exagerada o incontrolable. El problema es como afrontamos lo que nos sucede.

Gestión del estrés

¿Cómo se gestiona el estrés? Todas las recetas apuntan a controlar el "estresor" o disminuir su impacto. El estresor es el "factor" que desencadena el estrés.

El problema con esa receta es que a veces el estresor no se puede o no se debe controlar. Si nos proponemos detener una sequía o saltearnos una cuarentena y sus consecuencias, sin duda fallaremos. Allí radica la dificultad de gestionar los cambios para frenar el estrés. Toda vez que el estresor sea incontrolable, estaremos frente a la posibilidad del estrés crónico, ansiedad, depresión o un duelo prolongado y patológico.

La implosión durará mientras que el estresor siga allí y solo podrá desaparecer si se lo elimina, y el estrés crónico o la ansiedad durarán tanto como dure la preocupación. Entonces se instalarán para quedarse y podrán aumentar el problema. **Una implosión que toma su curso y vida propia se ubica lejos de nuestra gestión.**

Una implosión profunda y descontrolada puede no estar relacionada a lo que ocurre afuera, como ser un duelo prolongado de tres o cuatro años posterior a la muerte de un ser querido. Es esperable la tristeza en los aniversarios, pero no la tristeza siempre. A eso lo llamamos **duelo patológico o depresión** y es un **descarrilamiento energético**, ya que **consume la potencialidad de esa persona para crear, para mejorar, evolucionar, e incluso para curarse.**

Una señal de una implosión descontrolada es cuando toda receta que le funciona a otra persona falla en nuestro caso. Controlar la implosión suele asociarse al cambio de hábitos y es un primer nivel de defensa para nada simple que, una vez adquirido y desarrollado, puede funcionar o también puede fallar.

Si respirar hondo no suprime el estrés, si hacer yoga causa dolor, si la bioenergética no genera una polarización adecuada, y me siento cada día peor, deberé desplegar nuevas estrategias basadas en la psicología y/o la psiquiatría que comiencen por entender el problema, sus casusas y sus alternativas de afrontamiento. Eso es clave para cambiar. *"Si tuviese que resolver un problema en una hora, dame 55 minutos para analizar el problema, y 5 minutos para resolverlo"*, versa una frase adjudicada a Albert Einstein.

Podemos afirmar que estamos bajo los efectos del estrés cuando observamos que nosotros, nuestros equipos y la red social que nos rodea comienzan a proyectar la preocupación insistentemente hacia el futuro: *"¿y si sucede una calamidad?, ¿y si esto dura para siempre?, ¿y si nos enfermásemos todos?, ¿y si me muero?"*. La preocupación de hoy proyectada hacia el futuro puede ser destructiva y requiere, además de respirar y hacer yoga para implosionar controladamente, reconocer que se están teniendo pensamientos catastróficos, y que estos pensamientos arman planes de crisis de algo que no sabemos si alguna vez sucederá. **Todo puede explotar por el pensamiento, no por el estresor.**

Un gasto de energía permanente en intentar resolver preocupaciones imaginarias del mañana en vez de dirigirnos a la solución de problemas reales y concretos del hoy, que evitarían incluso todos esos problemas en el futuro, puede generar más problemas. **Implosionar demasiado puede llevarnos a explotar Mal.**

El estrés o la ansiedad podría pensarse como un interés a pagar de una deuda que no se contrajo nunca, que se imaginó. El estrés crónico y la ansiedad pueden explotar por la preocupación, no por el hecho inicial que disparó el estrés. Como ejemplo citemos que hasta la preocupación más inmanejable y estresante como la idea de que *"me voy a morir"*, tiene su estrategia de afrontamiento correcta en el hoy: Contratar un seguro de vida. Parece una broma, pero no lo es. Si realmente creo que moriré, no es necesario explotar, puedo procesar esa idea catastrófica con una solución práctica.

Implosión controlada

Reconocer el estrés es el primer eslabón de la implosión controlada. Veámoslo en el Caso ficcionado de la Consultora F.

Francisco, un empresario y consultor, Socio de una empresa de servicios profesionales, una vez transcurridos 14 días de la cuarentena, comenzó a experimentar problemas para dormir, taquicardia, presión arterial alta, mal humor expresado en órdenes abruptas o dichas de mal modo, cuestión que no era para nada habitual en él.

En reuniones uno a uno con sus socios anticipó una inexorable caída de ingresos y dificultades presentes y futuras **imposibles** de controlar.

Estas ideas que podrían ser realistas y estaban dentro de los escenarios pesimistas de múltiples organizaciones, pero reconocidas a tiempo y trabajadas para generar planes a corto plazo podían derivar en acciones muy concretas y cambios en la forma de trabajar. Pero en el caso de Francisco provocaban síntomas físicos que fueron reconocidos antes por sus socios que por el mismo y requirieron en varias ocasiones el intento de frenar sus conversaciones con su primera línea dado que parecían catarsis adolescentes o manuales de "anti-ayuda" personal y empresarial.

No te pueden ver así le decían sus socios.

En casa la situación no ayudaba, su nula participación en las tareas del hogar generaba un espiral vicioso que agudizaba las ideas catastróficas hacia el futuro: quiebra, separación, infarto, eran solamente algunas de las ideas que nos pudo expresar en el momento de hacer sinergia con nosotros para colaborar hacia un modelo de salida frente a su inexorable supuesta realidad.

Podemos ejemplificar cambios positivos alternativos que Francisco no estaba utilizando, formas de afrontamiento del cambio que permiten controlar la implosión, ya no solamente en las personas, sino en las organizaciones cuando están urgidas a cambiar. De este menú de opciones y trabajado con paciencia y bajado a ejemplos reales, con ayuda real cuerpo a cuerpo a pesar de las restricciones hubo que actuar, la situación tenía la gravedad equivalente al COVID-19 y sus consecuencias.

Aquí les compartimos nuestra guía emergente en pandemia, una guía de 7 aspectos claves que se implementaron en esta situación y entendemos que vale para escenarios equivalentes:

1 **Dejar los Indicadores Claves de Desempeño,** cuyo acrónimo en inglés es KPIs, y los objetivos anuales de lado por un tiempo para trabajar por Objetivos Claves de Resultados (OKRs)

Mientras que los KPIs son indicadores de performance a largo plazo, tales como: vamos a vender 20 millones de pesos, los OKRs son indicadores de cumplimiento de objetivos a corto plazo, por ejemplo: haremos una reunión diaria de 15 minutos, desarrollaremos un nuevo producto o una mejora cada 15 días, implementaremos una solución semanal y evaluaremos su impacto.

2 Hablar de los problemas adecuadamente

Ocultar los problemas debajo de la alfombra lleva generalmente a una acumulación que implota y se traduce en síntomas, falta de sentido o propósito o incluso TAREA, consecuente baja de performance, roces interpersonales, dificultades para la gestión de los equipos. Por lo tanto, los problemas acerca de escenarios de crisis que remiten a posibles catástrofes futuras, incluyendo la quiebra, la imposibilidad de pagar salarios, la cancelación de contratos, deben conversarse en los espacios adecuados con la gente adecuada, en forma sucesiva, y de a un tema o problema a la vez, buscando su solución, no la catarsis.

3 Regular la empatía, disminuir la presión y mantener la productividad

Características de personalidad como la empatía, a veces suelen dificultar las decisiones asertivas que determinan resultados. En un contexto adverso, pueden existir múltiples reacciones. Pero si nuestro foco principal es atender cada problema de cada persona, podemos desviarnos de los roles que la organización necesita, incluso desviarnos del autocuidado. En contraposición, si un Líder o referente aumenta demasiado la presión, puede caer en la conducta de pedir más cuando en realidad no tiene que pedir ni más, ni menos, sino que tiene que pedir distinto. Esa presión en contextos de crisis puede generar los resultados exactamente opuestos a los deseados. Es decir, durante las crisis y el cambio, una dosis óptima de empatía, con una pisca de presión controlada, pueden facilitar la productividad, es decir, la continuidad. Eso es dar certidumbre en medio del caos.

4 Llevar el estrés hacia donde causa producción

Gente con determinado perfil laboral, como los comerciales, suelen funcionar más y mejor en condiciones estresantes. Estas condiciones estresantes, para resultar sanas, deben empezar, tener un pico y terminar. Esa curva del estrés es bien tolerada por algunos. Por lo tanto, cuando es imposible detener el estresor, ejemplo la pandemia o la cuarentena, la presión debe canalizarse hacia los miembros del equipo que tienden a mejorar su performance bajo presión, como así también hacia los equipos y áreas correctas, y no masivamente a toda la empresa por igual. Poder pensar, reflexionar, dejar pasar el fulgor y actuar luego, ejercitando la espera activa puede ser la clave, a sabiendas y conscientes de la razón para ejercitar la espera.

Las crisis son espacios para generar conversaciones individuales con determinadas personas cada vez que sea necesario para explicitar expectativas mutuas y hacer nuevos acuerdos tanto en el presente como hacia el futuro. Los síntomas físicos y las situaciones personales extremas suelen acontecer cuando no autorregulamos y cuando otros no se animan o simplemente no están ahí para decirnos que debemos frenar. Necesitamos esas voces alrededor en el caso que la voz interna no sepa o no pueda alertar.

5 Pedir ayuda

Antes de explotar, de enfermarse, de caer frente a las dificultades de una crisis y durante el proceso de cambio, existe la posibilidad de aceptar la propia vulnerabilidad. Esto implica dimensionar hasta dónde puedo manejar la situación y hasta dónde no, y si considero que no puedo manejarlo debo pedir ayuda a alguien que al menos parezca estar, o en el mejor de los casos que realmente esté, más preparado que yo para acompañarme en el vendaval.

Las crisis que provocan grandes cambios y transformaciones necesitan a menudo de la mirada externa y desprejuiciada de gente que no tiene los intereses que tenemos nosotros, que no está involucrada emocionalmente en los problemas, y que puede, con menos esfuerzo, entregar mayor impacto positivo que el que podríamos conseguir nosotros. Es momento incluso de generar asociaciones con personas o empresas que están ociosas o improductivas por las mismas razones de la crisis, es decir, no solamente está la oportunidad de reconversión personal y organizacional propia sino la de otros, tanto colaboradores como empresas asociadas o a asociar. Aún hay empresas o personas que no saben o no entienden qué es un consultor, qué hace, ni tampoco saben o entienden cuál sería la razón para apoyarse en consultores externos. La primera respuesta a esas preguntas se encuentra en este apartado, donde un consultor ayuda a enfrentar un estresor que al cliente se le vuelve inmanejable.

6 Generar el estrés adecuado para mover la organización

En ciertos casos y situaciones, los decisores deben empujar al equipo, a la empresa, hacia la salida del estancamiento crítico. Durante las crisis, algunas personas y organizaciones se paralizan. Es la forma más primaria de respuesta al estresor: quedarse quieto, presa del miedo, atrapado.

Es en esos casos donde los líderes deben inyectar el movimiento, la presión necesaria para activar la reacción, la urgencia. Porque para sobrevivir hay que despertar a las fieras, y explicar que, a veces, el 100% no alcanza.

Vuelta a la Consultora F por un momento: Fue Francisco quien, durante su proceso de afrontar el estrés y en un trabajo conjunto con los consultores convocó a su primera línea mientras que tomaba medidas financieras y les dijo que luego de un proceso de trabajo personal que les recomendaba también a ellos encarar, y habiendo consultado a profesionales de salud para reconducir ciertos desajustes personales, reacomodaba las prioridades de la Consultora F: "Necesito que desarrollemos al menos una serie de soluciones, productos o iniciativas que generen caja y acción durante el próximo mes, traigamos las ideas aunque parezcan tontas, a la próxima reunión que desde ahora será semanal, rítmica y de no más de hora y media. Daremos allí mismo la aprobación o no a las ideas que sean necesarias para activarnos en el corto plazo. Busquen lo que pasó en España en empresas similares, busquen tendencias en nuestros competidores y tendencias generales de industrias diversas, ampliemos las posibilidades porque necesitamos ingresos para sostener nuestra moral empresarial, volcaremos estas ideas en la próxima reunión, activemos esto así. Necesitamos armar las iniciativas en tramos cortos para organizar la tarea de los consultores que están sin asignación en clientes y esperando novedades. Este esquema nuevo y transitorio de funcionamiento no sabemos cuánto va a durar, pero tenemos que funcionar de otro modo, coordinados y generando otro tipo de valor. Desde ahora y hasta nuevo aviso tendremos nosotros una reunión semanal para verificar estos avances, y una reunión diaria de 15 minutos para que cada uno explicite que hará hoy y que necesita del otro, la haremos de 9:30 a 9:45 horas vía Zoom todos los días.

7   Generar la competencia del Cambio Permanente

Las organizaciones y nuestro propio proceso mental nos llevan a pensar que el cambio y los procesos de cambio, al igual que los proyectos se definen por el hecho de ser algo que comienza, tiene su pico y se estabiliza, o sea, termina.

Sin embargo, los hábitos de consumo y sobre todo el salto exponencial de la tecnología genera obsolescencia, que no es solamente tecnológica sino en la utilidad de las cosas, simplemente algo que servía y resolvía problemas, pasa a ser obsoleto o se encuentra rápidamente una solución distinta y mejor, escalable digitalmente y masiva a bajo costo con lo cual: generar en nosotros mismos y en nuestras organizaciones la competencia de cambiar permanentemente es una necesidad imperiosa.

De algún modo es como mantener viva la curiosidad y la energía infantil o adolescente. No por nada el Management de empresas como PedidoYa o Globant puede estar por debajo de los 25 años sin dificultades, porque cierta búsqueda joven o curiosidad casi infantil, se requiere para estar con ganas, o dicho de manera más profesional, contar con la motivación para cambiar rápido y muchas veces en el mismo año, de actividad, de horarios, de países, de modelo de negocio, de empresa, de socios, etc.

La Consultora F redireccionó más rápido que otros competidores sus servicios hacia la formación remota basada en plataformas digitales, montó una academia corporativa online abierta a todo LATAM, 24x7 sincrónica y diacrónica e incluso está brindando servicios 100% en inglés para el mercado norteamericano y canadiense. O sea, aceleró proyectos que estaban en un 20% o 30% e improductivos logrando niveles de facturación que mantuvieron la estructura y la llevaron a perdurar en su esencia, objetivos y nómina de gente, al menos hasta hoy.

Estrés positivo y estrés negativo

Concluyendo, y aprovechando el cambio positivo de Francisco quien, poco a poco, fue saliendo de su "propia crisis". El estrés suele ser un gran amigo de los cambios, precede al cambio, y lo fomenta. Un amigo peligroso, movilizante, de esos que no le gustaban a mamá, pero nos encantaban a nosotros, los amigos intensos que es excelente tenerlos a veces cerca, y no verlos por algún tiempo.

El estrés controlado demuestra las habilidades de afrontamiento de las personas, un modo de implosión que augura la explosión hacia el cambio para mejor. Por el contrario, el estrés descontrolado, crónico, la ansiedad generalizada o la depresión, necesitan ayuda, muchas veces externa, para que a través de la palabra y el tiempo se canalice la implosión hacia el afuera. Es decir, que lo que va para adentro salga y converse con el afuera, un afuera profesional, una guía.

La asociación y colaboración con otros que no necesariamente son profesionales psicólogos o psiquiatras ni consultores o coaches, implica también utilizar las redes sociales de amigos, conocidos y referentes. Asimismo, los equipos de trabajo en el ámbito organizacional, incluyendo claro esta y siguiendo el punto 7 antes mencionado, jóvenes entusiastas, con expertos seniors, hacedores e innovadores, arquitectos, ingenieros y legos, etc. Delegación, empoderamiento, y equipos para la solución de problemas son parte de las claves para afrontar con otros el estresor. Eso también es implosionar, pero en red, en equipo.

El estrés crónico suele ser un monstruo grande, algo que NO todos vemos, que por una extraña razón sorteamos como si no existiese, hasta que nos atrapa y se vuelve carácter o hábito o en el peor de los casos, enfermedad y muerte. De algún modo está ligado a la negación, a mirar para otro lado como estrategia de "no afrontamiento". Como si fuese una garantía para no implosionar-explotar, no querer saber, procrastinar, dejarlo para más adelante.

Yo fumo para controlar el estrés dicen algunos revelando su ceguera absoluta respecto al estresor (el cigarrillo es fundamentalmente estresante, ansiógeno en su química no ansiolítico) y es confundido con la solución al estrés, en vez de la causa.

Mirar de frente los problemas o, aunque sea, mirarlos como cada uno pueda en el momento que pueda, será un paso necesario de la implosión controlada, en situaciones de alta presión, tensión o eventos externos incontrolables.

¡Animate a estresarte de manera óptima! Entonces, ¿qué vas a hacer con lo que te resonó en este capítulo?

PARTE 4: Kit herramental y casos de éxito frente al Cambio

Kit Herramental

¿Se puede multiplicar la capacidad cerebral? ¿Puede explotar nuestra mente a tal punto de producir cambios mercuriales? ¿Podemos abrirnos a la comunidad y al entorno masivamente y actuar como si fuésemos uno, en armonía con todos?

Profundicemos el concepto de "**cambio mercurial**" que lo vivenció bastante Mariano en algunos talleres junto a su Socio en WAI, Nicolás Fischetti dando feedback a empresarios: se trata de un cambio de 180 grados, que acontece de golpe, generalmente importado o impuesto. Es como ponerse un disfraz que suele caerse ante cualquier evento externo, es un cambio que, actuado ficticiamente desde la conducta, es difícil de sostener en el tiempo.

Los **cambios mercuriales** que hemos conocido y que han sido sustentables en la vida de las personas suelen relacionarse con algún evento traumático, un robo violento, una enfermedad grave propia o de un ser querido, entre otros tantos posibles eventos traumáticos que provocan cambios.

En oposición y en la práctica, suelen observarse **cambios sostenibles** cuando, en vez de pretender cambiar todo un repertorio conductual y hasta "la personalidad", se toman algunos aspectos que se quieren mejorar, ejemplo "escuchar más", "ser más tolerante", etc.; y se trabaja paulatinamente de manera ininterrumpida hasta hacer de ese cambio conductual, un hábito sostenido en el tiempo.

Siempre es más probable y consistente tomar un aspecto de la conducta, por ejemplo, un **hábito**, entrenarlo y cambiarlo. De esa manera, el cambio es como una suma de nuevos comportamientos que permite arribar a cambios sostenibles, basados en una línea del ser que permanece continua, que describe una coherencia en el pensar, el sentir y el querer, incluso en la personalidad.

Pensamiento Exponencial

Sin embargo, esa linealidad del cambio es alterada por la posibilidad del **"cambio exponencial"**, dos palabras que adquirieron una triste celebridad con el COVID-19, donde la curva de contagios del virus se dispara exponencialmente, es decir, no en forma lineal. No se pasa de 1 caso a 2 y de 2 a 3, sino de 2 a 4, de 4 a 8, de 8 a 16. Eso es la exponencialidad.

¿Podemos tratar a nuestra mente y a nuestros pensamientos bajo el paradigma de la exponencialidad? Atentos a esta pregunta ya que aprender es un proceso cognitivo vital y una habilidad individual y también organizacional que puede valer más que todas las enseñanzas económico-financieras juntas.

Pero ¿por qué pueden valer más? Porque *aprender a aprender* nos pone en ventaja, para captar tendencias de algo que aún no decanta, que aún no conocemos, que está en el minuto a minuto de esa curva que sube a una velocidad que nuestra observación no puede capturar. Pero tal vez nuestra sensibilidad sí, sobre todo aquella parte de nuestro sentir que puede aceptar la ambigüedad y vivir en ella con plenitud, es decir, aquellas personas o esa parte de la mente de esa persona que puede llevarla a tomar decisiones basadas en unos pocos pero buenos datos.

Un **cambio exponencial** del ser o del pensamiento, según nuestra comprensión y capacidad de explicarlo, **es una alteración drástica, acelerada y transformadora del ser actual, que excede la capacidad de comprensión propia y del entorno, explota en algo radicalmente nuevo, en períodos de aceleración del tiempo que no estamos habituados.** Por eso utilizamos la palabra "explota" y no usamos, por ejemplo, el concepto de *crecimiento gradual.*

Si somos empresarios, y nuestra industria explota, es porque algún jugador pensó exponencialmente, creció exponencialmente, y es posible que, al momento de analizar los efectos de la explosión, todo esté trastocado, los modelos de negocio de la industria, la llegada a los consumidores, nuestros pensamientos, las reglas, el statu quo, todo.

De hecho, se habla de ideas explosivas o revolucionarias como causa o consecuencia, en el capítulo *"Idea Revolucionaria"* del libro de Salim Ismail, Michael S. Malone y Yuri van Geest, Exponential Organizations (octubre 2014, páginas 214 y 215).

En su aplicación práctica, cuando trabajamos sobre un equipo u organización, la creación de ideas revolucionarias suele funcionar en dos esquemas:

- **Opción de esquema 1:** CAOS ó KAOS parafraseando a la serie del Superagente 86.

Llevamos a grupos grandes o pequeños de personas (no más de diez personas por grupo es ideal) mediante dinámicas sensibilizadoras, lejos de su zona de trabajo o ambiente habitual, a soñar todo lo que quieran y puedan, a discurrir y a generar conversaciones de caos creativo para lograr cualquier cosa, sin importar el resultado.

- **Opción de esquema 2:** CONTROL

Ponemos una serie de problemas sobre la mesa, para ahí sí, discurrir con estrategias más o menos locas para solucionarlos, en ese caso, incitamos a arriesgar controladamente.

Al mundo organizacional y corporativo, y acorde con nuestra experiencia, la segunda opción suele resultarle más productiva porque, al menos, repaga la inversión de quien financió el trabajo de intervención organizacional con soluciones de más rápida aplicación al negocio, y, por lo tanto, monetizables.

Siendo nuestras organizaciones y **modelos de gestión diseñados para controlar el riesgo**, es funcional y más probable que nos permitan discurrir locamente y con métodos basados en problemas específicos. Es decir, alrededor de aquellos problemas para los que aún no hemos encontrado solución.

Sin embargo, a efectos de esta publicación que busca provocar implosiones, nos sentiremos más cómodos en el formato uno, en el **KAOS**, sin barreras, sin objetivo delimitado, arrancar por arrancar, soñar por soñar. De hecho, rara vez encontraremos un sueño fascinante con los ojos bien abiertos, o una idea descabellada y maravillosa apareciendo en respuesta a una pregunta que nosotros hacemos en un aula, una oficina o una sesión por Zoom.

Nuestra invitación está hecha para que podamos transitar el riesgo de verdad, caminar por afuera del sendero, ya que es allí donde se encontrarán los hermosos frutos salvajes, la inspiración real para problemas que ni siquiera el mercado pensó.

Podemos comprender la exponencialidad del cambio contraponiéndola con los cambios lineales, a los que efectivamente estamos más habituados.

Observemos el siguiente ejemplo que usamos a menudo sobre el cambio lineal:

> **-Cambio lineal en una serie numérica**: Pasar de 1 a 2, de 2 a 3, de 3 a 4, 4 a 5, es algo previsible. Series de crecimiento de 2 a 4, de 4 a 6, de 6 a 8, de 8 a 10. Eso es lineal. Nuestra mente puede procesarlo absorberlo y adaptarse.

Ahora distingamos el mismo ejemplo desde la exponencialidad:

> **-Cambio exponencial en una serie numérica**: Pasar de 2 a 4, de 4 a 8, de 8 a 16, de 16 a 32, de 32 a 64, de 64 a 128. En cada salto de la serie, la escala exponencial nos pone en niveles que desafían nuestra capacidad de control, absorción de la información y gestión de los impactos físicos, mentales y emocionales.

Tecnología Exponencial

Considerando nuestro patrón de compra y de actualización de un equipo IPHONE, y en este caso bajo un ejemplo que Mariano suele usar, en el cual actuó sin saberlo bajo las reglas de la exponencialidad.

Veremos que estos fueron los números y debemos agradecer al amigo Damián Medina del Banco del Sol por recordar cada salto, puesto que, con él, Mariano los venía realizando, siendo Damián un fanático de la tecnología.

Mariano en ese caso cambiaba exponencialmente por imitación, cuestión que es una reacción rápida y posible para el cambio exponencial, es decir, copiar exactamente lo bueno de una organización exponencial para llevarlo a otro país o a otra industria. Sobre esto existe una puja entre los pensadores y la interpretación de la evidencia fáctica ya que algunos sostienen que en tecnología, el que llega primero se queda con todo mientras que otros dicen, que es el segundo o el tercero quien arma un modelo de negocio o un propósito alrededor de la tecnología, y se queda con todo.

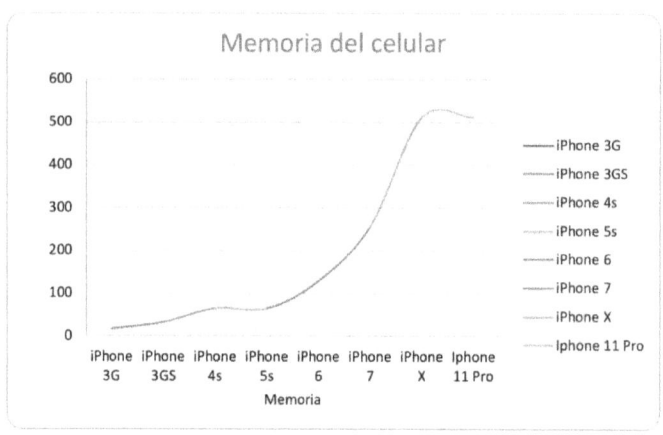

Veamos el gráfico desde los modelos de Apple comprados por Mariano: Memoria total en el Eje Y, Modelo del teléfono en el Eje X.

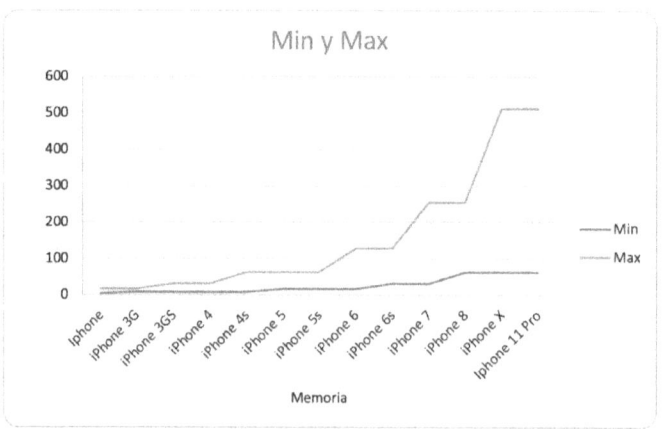

Veamos ahora en este otro gráfico, la reconstrucción basada en información pública acerca de todos los modelos del iPhone.

En 20 años, la memoria de los teléfonos aumentó 500 veces. Del iPhone 3G hasta el 5s observamos un desarrollo lineal, pero ahí comienzan los saltos, algo incomprensible, difícil de procesar, de digerir, de aprehender, en el sentido de capturarlo en su esencia y entender lo que realmente significa. La memoria es radicalmente mayor, absurdamente mayor, 500 veces mayor hoy que cuando algunos compramos un dispositivo móvil de Apple por primera vez.

Evidenciamos la exponencialidad en la tecnología porque es donde más fácilmente se observa, y desde donde se empezó a conceptualizar bajo la aplicación de la Ley de Moore. Estos saltos tan evidentemente observados en el iPhone tuvieron una conceptualización temprana donde se definía que la tecnología evolucionaba exponencialmente y no en forma lineal.

¿Puede nuestra mente saltar exponencialmente como una máquina? ¿Podemos lograr ingiriendo una pastilla o droga expandirnos exponencialmente? ¿Podemos, a partir de ejercicios de meditación y ampliación de la conciencia, llegar a una idea de exponencialidad aplicada al ser? ¿Perseguiría algún dispositivo terapéutico o psicoanalítico semejante objetivo de productividad?

Organizaciones Exponenciales

Algunas de estas preguntas no tendrían sentido, sin embargo, y a través de **hábitos organizacionales**, la exponencialidad se presentó ordenadamente a la comunidad de negocios en el libro de Salim Ismail, Michael S. Malone y Yuri van Geest, Exponential Organizations (octubre 2014). El libro explica el funcionamiento de las llamadas Organizaciones Exponenciales y se conceptualiza la forma diferencial y ordenada de generar nuevas organizaciones para nuevos negocios.

"Una Organización Exponencial (ExO) es una cuyo impacto (o resultado) es desproporcionadamente grande —al menos diez veces superior— al compararla con sus pares de iguales, gracias al uso de nuevas técnicas organizativas que sirven de tecnologías aceleradoras". (Definición del citado en la página 33).

El libro presenta un marco completo de conceptos y herramientas que nos interpelan algunas creencias que sostenemos hace tiempo. Insistentemente corrompe todo el desarrollo del management tradicional, la forma en que aprendemos, estudiamos, nos organizamos, creamos y gestionamos las empresas y las preparamos para perdurar.

Estudiar la exponencialidad, tal como la presentan los autores, es repensarse a uno mismo, expandirse a través de nuevos hábitos y disciplinas. Hacerlo por imitación al comienzo, como a ciegas y obedeciendo a una nueva técnica o patrón que a veces es hasta contraintuitivo pero termina por solucionar un problema masivo con diez veces más calidad, o a diez veces menor costo.

Cuando nosotros dos, Ariel y Mariano, fundamos nuestros negocios de consultoría organizacional; nuestros hijos nos hacían preguntas intuitivas que valen tanto para WAI como para Ágora Global:

- ¿Dónde está físicamente la empresa?
- ¿Qué venden?
- ¿Cuántos empleados tienen?

Y mientras WAI y Ágora Global avanzan y brindan servicios, ninguna de esas preguntas tiene respuestas concluyentes. ¿Y por qué? Porque son **organizaciones líquidas, livianas, del conocimiento, basadas en relaciones horizontales, tecnología y asociados que comulgan en un propósito**. No son empresas en el sentido que aprendimos en la escuela y en la vida misma.

- No están en un lugar determinado.

- No venden productos físicos.
- No tienen empleados, trabajan en una red colaborativa de profesionales.

Están creadas bajo otros paradigmas de liderazgo y valores organizacionales que van propiciando las condiciones de la exponencialidad.

Estas empresas aspiracionalmente exponenciales tienen ese pensamiento de fondo, con un desapego de los egos de los fundadores desde el momento de su creación, sanamente preocupados porque cada uno de sus miembros brillen, saquen a la luz lo mejor de sí. Con reglas y disciplinas de un nuevo modo de pensar la construcción de vínculos en las organizaciones, en base a personas y equipos empoderados.

Asimismo, gozan en su ADN con un criterio clave que todos efectivamente conocemos, la importancia de los datos y de medir a través de objetivos que nos enamoran, que los gestamos democráticamente entre todos sus miembros.

Generamos eventos en los cuales las metas propuestas se van adaptando de acuerdo con los aciertos y desaciertos que nos enseña el diario transitar del viaje del que emprende.

Estas organizaciones cuentan con hábitos no lineales que son ejecutados por personas que integran la organización en favor de su expansión, o sea, un modo de ver la exponencialidad en las personas a través de organismos vivos (empresas) que son distintas de ellos, viven más allá de ellos.

Volviendo a la definición de Organización Exponencial antes citada, cabe aclarar que no es la tecnología o el uso de ésta el único atributo que permite la exponencialidad. Es el atributo más importante, pero puede acontecer, eventualmente, una explosión descontrolada propia de las reacciones azarosas de las oportunidades y las crisis, más allá de la tecnología exponencial.

Esto puede observarse en muchísimos ejemplos, uno de ellos puede ser la exponencialidad por el aumento de pedidos de alcohol en gel durante la pandemia del COVID-19.

La exponencialidad basada en una adquisición tecnológica no bastará para sostener el emprendimiento e incluso no tendrá anclaje en ningún salto exponencial de las personas.

En el caso que tengamos la convicción de cambiar y crecer, o que veamos que el mercado está en condiciones de ser disrumpido por alguien que está aplicando las variables necesarias para conseguir un cambio radical, ¿qué queremos hacer nosotros?

Acerquemos este concepto de exponencialidad a nuestra realidad. Hagámonos algunas preguntas disparadoras para analizar si vamos por el buen camino:

- ¿Sabemos para qué nos levantamos cada mañana?
- ¿Nos regalamos tiempo para poder observar las tendencias que se avecinan?
- ¿Trabajamos cooperando y asociados a otros?
- ¿Somos protagonistas comunitarios, nos interesa realmente el medio que nos rodea y del que formamos parte?
- ¿Consideramos que tenemos un estilo de liderazgo con bajo apego a nuestro ego?
- ¿Pensamos más en el bien mayor y colectivo que en el individual?
- ¿Tomamos decisiones basadas en datos?
- ¿Experimentamos y erramos rápido en busca de soluciones?
- ¿Tenemos el coraje para arriesgarnos y apostamos a lo que soñamos?
- ¿Adquirimos, experimentamos y asimilamos la tecnología para escalar nuestras ideas?
- ¿Utilizamos tecnología para estar hiperconectados?

- ¿Compartimos la información con otros, incluso con algunos potenciales competidores con los cuales colaboramos?
- ¿Evaluamos en períodos cortos y damos y recibimos feedback del entorno en tiempo real?
- ¿Gozamos de tiempo, autonomía y libertad para crear?
- ¿Encontramos en nuestro modo de actuar cierta modalidad o conducta ilógica, fuera de moda u original?
- ¿Reservamos tiempo y foco para atender al cliente directamente y sin ninguna intermediación? Es decir que en el caso que seamos dueños, emprendedores o managers, ¿destinamos tiempo y foco a atender al cliente como lo hace una persona recién ingresada a la empresa?

Las personas que trabajan en las organizaciones exponenciales responderían que sí a varias de estas preguntas. Al menos en teoría, *habrá muchos sí o casi sí*.

Estas son personas exponenciales en empresas exponenciales basadas en un modo de ser y de pensar que no representa en ninguna medida, o casi ninguna, la forma tradicional de pensar un negocio, una organización, una rutina de trabajo basada en el control, en los horarios, de lunes a viernes, la aversión al riesgo y la estrategia basada en un crecimiento lineal.

Por el contrario, las personas y organizaciones que crecen exponencialmente disrumpen un mercado quedándose con todo o casi todo, provocan que lo anterior envejezca, sea obsoleto, inútil, nos frustran por momentos y nos hacen perder la esperanza en el tren, sobre todo el tren tecnológico, que es abrumador con su curva exponencial. Cuando sentimos que llegamos, cualquier otro ya ha dado el salto, y esos 8 escalones más arriba, 16 o 32, ya no los vemos, los perdimos, perdimos el tren.

Estas organizaciones aplican reglas similares, las replican como copias, son una copia de algo que no existía hace un año y eso es lo increíble, a veces son copias de modelos noruegos o chinos porque la innovación está allí. La información abunda y en ese sentido, son empresas basadas en la abundancia de información. A su vez, generan el vértigo de recorrer un camino hacia adelante que nunca se transitó. Es seguro que la persona lineal nunca transitó un camino exponencial o lo experimentó pocas veces, tal vez en la intensidad del amor adolescente o el nacimiento de un hijo o frente al temor de la muerte.

Las organizaciones exponenciales crecen tan rápido y evolucionan de tal manera, que nuestro entendimiento no las capta hasta que están ahí, efectivas, operativas, dominantes con sus efectos derramados en la nueva realidad.

Las personas, aplicando las mismas reglas, también responden, nos guste o no, a la curva exponencial y a la disrupción de modelos de negocios. Ejemplo de esto podría ser la incomodidad que provoca en un taxista el crecimiento de Uber o Cabify, al igual que en un profesor de gimnasia o personal trainer furioso, y con razón, frente a la convocatoria de un o una Influencer que practica en vivo sus rutinas de entrenamiento. El problema no es solo la regulación, o los legos brindando entrenamiento o dando consejos para cremas faciales, o los EGOS de los No legos. El problema es el pensamiento lineal de los profesionales que llegan a 30 pacientes por mes, versus los abrumadores 500 por hora del Vivo del Influencer. La desproporción de convocatoria de los influencers basada en la **exponencialidad** es incomprensible al pensamiento **académico y profesional**-lineal. Por fortuna este mes, Julio del 2020, salió pública la noticia de la creación en la UBA (Universidad de Buenos Aires) de la Carrera de Big data para al fin, incorporar las reglas del pensamiento exponencial en la Academia local.

Ahora, ¿cuánto puedo alejarme de esas reglas si quiero cambiar exponencialmente?

Si soy médico, psicólogo, o tengo un restaurante, una consultora, camiones, soy un banco, una financiera, una distribuidora de alimentos y bebidas, ¿creen que no debo hacerme estas preguntas?

Fíjense con atención que hay mercados y profesiones que aún no fueron disrumpidos y siguen operando de manera similar hace cientos de años. Seguros, medicina, los deportes y la dermatología como modalidad de servicio; los cuales, hasta hace muy poco, cualquiera de nosotros que requiriera de estos servicios, los utilizaba en forma presencial, cara a cara, lo que era considerado una condición necesaria y limitante, hasta una barrera de acceso.

Otros negocios e industrias vienen cambiando casi por osmosis, con lo cual las personas van yendo en el tobogán con alguna naturalidad, como podría ser la logística y distribución del delivery. Pero esto que vivimos como natural, no lo es en lo más mínimo, de hecho, no lo es para la psicología humana que es más afín en su temporalidad a los 30 días de barco para conectar Argentina con España que a las 10 horas de avión. Llegar en 10 horas a destinos alejados requiere una acomodación física y mental a la que usualmente se llama jet lag, o podemos traducir en base a la piscología del cambio como una respuesta LINEAL al cambio.

Pero volviendo al delivery, creamos organizaciones que aceleran el pensamiento convirtiendo los impulsos en realidad. PedidosYa como ejemplo, es una organización según se explica en medios de público conocimiento como diarios de circulación masiva, de emprendedores uruguayos que querían su chivito caliente y rápido en sus casas, YA. Pero no soñaron eso solamente, soñaron globalmente, tecnológicamente, exponencialmente y los resultados los ponen entre los líderes del sector latinoamericano en plazos muy breves, incomprensibles al análisis convencional de un ciclo de negocio. Valga este ejemplo como resumen de muchas cosas que ya han podido leer en este libro. ¿Creen que el nombre PedidosYa es solamente Marketing? o ¿acaso el nombre de la empresa no explicita su propósito? ¿Será un Mantra? ¿Repetir el nombre será un HAKA?

Lo interesante de nuestra experiencia, utilizando las enseñanzas del modelo exponencial y las recomendaciones de los expertos, es que no debemos apuntar a responder con un rotundo "sí" a todas las preguntas del modelo ideal, ya que incluso, siguiendo los lineamientos de las organizaciones o el pensamiento exponencial, es probable que, al terminar de leer todas las preguntas, las mismas preguntas cambien. La velocidad de la transformación es tal, que los desafíos nuevos siempre son otros sobre los que podemos escribir o teorizar.

Sin embargo, hay dos o tres palancas del cambio exponencial que debemos considerar, para dar un salto, implosionar, cambiar, explotar, o al menos sobrevivir, enterados de lo que pasa en Silicon Valley, específicamente en Singularity University, desde donde se irradió el concepto de exponencialidad.

Resumiendo, la exponencialidad en 3 preguntas, nos podríamos formular las siguientes:

1 ¿Tengo un propósito auténtico que me impulse, o simplemente tengo un negocio al que trato de cuidar, gente que quiero retener, clientes a los que solo les quiero vender y cobrar?

2 ¿Quiero cambiar?, lo que implica, asociarme con otros, aprender del error, ser distinto, ser otro, explotar.

3 ¿Me apalanco en tecnología?, porque el cambio exponencial solo se produce apalancado en tecnología y, sin ella, quedo reducido a un mercado muy pequeño, local o regional que otros atacan fácilmente.

Si las respuestas son negativas, es seguro que no existirá cambio exponencial, y posiblemente dentro de algún tiempo, no habrá nada de qué aferrarse o quedará poco. Porque habrá personas que tomen tu lugar, incluso una empresa exponencial se quedará con tu capital (caso de los cines comprados por Netflix, por citar alguno). Por lo tanto, te preguntamos tal como lo hacemos con nuestros amigos y clientes al revisar su modelo de pensamiento, ¿responderías que sí a las 3 palancas que te describimos anteriormente?

Una puerta de entrada para comenzar a ejercitar el pensamiento exponencial es darle espacio a la reflexión profunda y sincera de preguntas como las arriba formuladas, a las que les podemos agregar algunas más:

- ¿Hacia dónde voy?, ¿qué estoy haciendo para llegar?
- ¿Por qué lo hago?
- ¿Cómo financio esta aventura?
- ¿En qué me diferencio?, ¿qué no voy a hacer?
- ¿Cuánto me animo y cómo me preparo para equivocarme rápido y varias veces antes de encontrar lo que busco?
- ¿Dónde busco la tecnología?, ¿cuál es mi Proyecto Tecnológico que expande lo que hago?
- ¿Qué datos uso para tomar decisiones?
- ¿En qué activos invierto?, ¿qué significa en mi negocio usar activos externos?

Es necesario contar con un modelo de pensamiento basado en lo que ya les hemos presentado como OKRs (Objetive Key Results). Estos son objetivos de indicadores claves, que evidencian objetivos basados en resultados claves y concretos, que me dirigen hacia dónde quiero ir, y mediciones de muy pocos indicadores claves que debo alcanzar día a día, semana a semana, mes a mes para estar en carrera hacia el objetivo.

Lo que hagan otros competidores no nos importa tanto más allá del punto inicial de buscar que hay en el mundo para mejorar lo que yo hago aprovechando la abundancia de información.

Ni siquiera tenemos que aferrarnos a la búsqueda de productividad corporativa, puesto que hay lectores que están en otro "Partido" y a ellos también les hablamos en este libro.

No estamos discurriendo acerca de la perdurabilidad empresaria en sentido estricto, sino tratando de volver al concepto de "implosión". Y ahí viene lo interesante dado que, a la hora de "explotar", la respuesta estará mayormente en la tecnología, ya que, desde este modelo, ninguna organización exponencial es no tecnológica o deja de usar la tecnología para democratizar su servicio, es decir, llegar a gran cantidad de personas, en poco tiempo y a bajo costo.

A la hora de implosionar, ¿cuál es el primer punto de atención que queremos dejarles?

Poner por delante la cocreación del **"Propósito Transformacional Masivo"**, es decir, los interpelamos a responder si tienen una razón valedera y distintiva para trabajar, si cambia el orden establecido y si es compartida por un gran número de personas.

Damián Medina, quién nos ayudó con la curva de los IPhone, acaba de postear con orgullo el propósito del Banco digital pronto a salir al mercado en este junio del 2020. Dice el posteo institucional:

"Llegamos para potenciar a las personas para que puedan hacer lo que quieran y así, logren ser su mejor versión.
Banco del Sol, va con vos".

Más allá del marketing, te hablan a vos. Te hablan de hacer lo que quieras, de potenciarte, de transformarte y ser tu mejor versión. ¿Quién, sin saberlo, hoy no habla de implosionar y de explotar? En el mejor de los sentidos.

Y para ser minimalistas y alejarnos ya de las teorías y las empresas, para adentrarnos en nuestro ser, les dejamos una sola pregunta transformadora de la cual su respuesta puede determinar la implosión:

¿Para qué estás leyendo este libro?

El Propósito Transformacional Masivo

Ya hablamos del propósito, de su valor y su importancia en nuestra vida. Ahora expandiremos el concepto un poco más. Es el turno de hablar en profundidad del **Propósito Transformacional Masivo** (PTM). Este concepto es el primer atributo de las llamadas Organizaciones Exponenciales (ExO).

No debemos confundirlo con un slogan, con esas creaciones que hacemos llamando a un buen o mal publicista, quien nos hace el favor de inventarnos un lema, un slogan, un acrónimo o un conjunto de palabras que no conecta con las emociones de nuestros seguidores, sean colaboradores o clientes.

"CARO, PERO EL MEJOR" decía el slogan de los televisores Grundig. Tenía algo de verdad seguro, y en ese sentido quizás no podamos reprocharle ser capcioso o mentiroso, pero ¿era un propósito transformacional Masivo? No, no lo era.

Propósito

Un propósito es la idea clara de una realidad a la que apuntamos con convicción para la resolución de problemas personales o del bien común, una razón de ser. Ser caros no sería en sí mismo un propósito, eventualmente sería una consecuencia, así como lo sería "agregar valor al accionista", típica frase que reemplaza a verdaderos propósitos que apalancan ese tipo de resultados favorables como ser agregar valor.

Un propósito entonces es aquello que no va a cambiar, pase lo que pase. Que se sostendrá cuando haya pasado la adversidad, el cambio, la revolución y que siempre permanecerá como faro, como guía, como energía. Cada palabra podría decirse que es un átomo y su conexión mágica es la fusión que provoca la energía necesaria para movernos y mover a otros.

Transformacional

Ser transformacional significa cambiar el orden establecido de un mercado, de un servicio, de un dilema, de un problema. Es buscar otra forma para solucionar una necesidad o incluso crearla a partir de ese nuevo formato.

Masivo

Ser masivo en este contexto significa democratizar ese propósito, llegar a gran cantidad de personas, escalarlo de tal modo que al usuario o cliente casi no le cueste o no perciba un costo por un servicio de elevada calidad y contribución de valor.

Caso WAZE

El caso de "WAZE" es un claro ejemplo de una Organización Exponencial, la cual transformó radicalmente un mercado -el de la geolocalización en vivo- llegando a todos nuestros teléfonos sin necesidad de que abonemos por ese servicio, mejorando el tráfico mientras nos movemos.

Nos tomamos la libertad de escribir lo que sería el PTM de WAZE reconstruyendo información pública en redes sociales: es una empresa que soluciona la circulación de tráfico beneficiando con su servicio a más de 110 millones de personas.

Y nuevamente vemos en el gigante que hace las cosas bien, una enseñanza para todos nosotros que queremos hacer las cosas bien también, diferenciarnos, crecer, expandirnos. No hay humo, siquiera slogan, pura verdad.

Caso Tarjeta Naranja

Le prestamos especial atención a las historias cuando buscamos el sentido del propósito, por eso no hacemos en muchos casos citas literales ya que no hablarían más de la verdad, que el propio Mito, que en términos motivacionales suele ser más potente que la propia realidad.

Según se cuenta, cuando un empresario de casas de deporte argentino quiso financiar a sus clientes la compra de buzos, remeras y zapatillas, se salió de todo libreto de la Banca tradicional para crear Tarjeta Naranja, una empresa que luego adquirió el grupo Galicia, permeando valores culturales favorables a todas las operaciones del grupo.

¿Recuerdan el "somos financieramente incorrectos" de Tarjeta Naranja?

Detrás de ese slogan se percibía algo masivo, que transformaba las reglas, dejando de ser solo propaganda vacía de contenido para ser Marketing con mayúscula y Management del mejor. Estaba la posibilidad de financiar como otros no financiaban, de llegar a un tipo de público con otro abordaje, de emitir plásticos sin ser VISA o MasterCard y siendo una simple tarjeta nacida fuera de la gran Ciudad de Buenos Aires.

Pensamiento Agile

Acercándonos al concepto de agilidad, podemos decir, que es un modo de ser que causa implosiones y explosiones muy interesantes de analizar. La agilidad podría definirse como *"un arte orientado a la calidad"*, que busca obtener mejores resultados en menores fragmentos de tiempo.

Para continuar analizando la implosión, comencemos por la presentación del "manifiesto agile", y una comprensión simple de nuestras formas de pensar, sentir y hacer atravesadas por la agilidad.

Como fuente usamos la literalidad y algo de interpretación de los lineamientos originales del primer manifiesto del 2001 extraído de http://agilemanifesto.org/ (año por demás particular para los argentinos y el cambio, que no viene al caso explicar aquí).

Esas líneas del primer manifiesto creado entre expertos en el desarrollo de Software nos ayudan a pensar las bases que aún, veinte años después, presentan aspectos revolucionarios que potencian el cambio, a saber:

- **Priorizar a los individuos y sus interacciones** por sobre los procesos y las herramientas. Esto implica una mirada colectiva, humanista y de confianza hacia las personas. No significa abandonar los procesos, sino colocarlos al servicio del mejoramiento de la interacción interpersonal. Una especie de disciplina organizada para que las personas interactúen mejor.

- **Propiciar las soluciones funcionando** por sobre la validación de documentación extensiva, mitigar la "reunionitis", la lectura de mails extensos y sin sentido y el foco excesivo en generar fases y proyectos completos para generar un documento como entregable. Trabajar observando la acción en el campo, analizando el desempeño de las pruebas piloto, el denominado prototipado de productos, servicios, y diseños que funcionen primero a pequeña escala, para aprender, corregir y luego escalar, sin necesidad de aglutinar personas, equipos y áreas para producir propuestas y documentos detallados para todo proyecto o todo cambio.

- **Poner el valor de la colaboración con el cliente** por encima de la negociación contractual. Trabajar en el acuerdo basado en la confianza y la colaboración mutua. Invertir energía en la relación con el cliente y entre todas las personas involucradas, trabajando juntos, logrando esquemas en los cuales los documentos y procesos formales sean acuerdos marco para funcionar, pero no el pivote del sostén de la relación de largo plazo.

- **Foco en las respuestas ante el cambio** por sobre el seguimiento de un plan rígido de trabajo. Lo que nuevamente no debe confundirse con la ausencia de un macro plan y un presupuesto de recursos asociados. Se requiere experticia y disciplina para solucionar problemas y gestionar mental y emocionalmente los emergentes. En la mayoría de las situaciones esa disciplina es opacada, obturada y derruida en su valor por el dogmatismo de seguir un plan, por la soberbia y negación del equipo de liderazgo. Mismo cuando ese plan es nulo desde su origen, sea impracticable por teórico o por abstracto, o por estar lejano a la realidad que lo motivó. En efecto, el presupuesto a veces es un documento que niega la inversión para el cambio y precede al cambio, diluyendo su fuerza en el origen. Se hace lo que se presupuestó como un vicio del management, no lo que "realmente" hay que hacer, cambiando los planes acordados.

Habitar el "manifiesto agile" en la sangre es implosionar, ya que automática o revolucionariamente caducan las frases e interrogantes que hoy atrasan y con las cuales fuimos educados:

- ¿Qué dice el proceso o la norma?
- ¿Qué manifiesta el contrato y la letra chica del contrato?
- ¿Cómo estamos respecto al plan inicial?
- El plan no se puede modificar.

Y explotan nuevas preguntas que nos interpelan para ser más efectivos y desafiarnos:

- ¿Cómo está funcionando el equipo? ¿Qué disciplinas tiene?
- ¿Alguien le preguntó al cliente lo que desea o qué anhela resolver?
- ¿Por qué el cliente no está participando activamente de la solución?
- ¿Cuánto tiempo y en qué etapa de la relación hemos invertido horas de calidad en desarrollar un vínculo de confianza entre nosotros y con el cliente?
- ¿Por qué no establecemos diariamente un espacio conversacional para analizar cómo vamos? ¿Por qué

esperamos tres meses en revisar el avance del plan o al menos el cómo vamos respecto al objetivo?

Si bien la agilidad o las organizaciones ágiles aparecen como un modo de organización emergente e intuitivo, que va haciéndose al andar, por el contrario, suele ser fruto de una disciplina que implica un modo de ser y vivir, una decisión blanco o negro. No conocemos agilistas que disfruten la tibieza de cambiar a medias, ser un poquito más ágiles. Adoptar un conjunto de rutinas sistemáticas y hábitos; que cuanto más los practicamos, más implosionan y mejor explotan incrementando los resultados en la menor cantidad de tiempo posible no deja lugar a dudas o interpretaciones.

Es una disciplina que podemos rastrearla en la cultura japonesa y anglosajona, desde el Modelo Toyota de mejora continua (Toyota Production System, 1950), Lean; pasando a Norteamérica en el grupalismo de Kurt Lewin, en Argentina retomado por Aldo Schlemenson o Enrique Pichón Riviere desde conceptos como grupos operativos o tarea primaria, llegando a la actualidad con Scrum, Scrum Scale y otros. Si bien este recorrido es una compresión personal de los autores de este libro, no es azarosa, tiene cierta lógica.

La **disciplina** no es otra cosa que un conjunto de hábitos, en este caso saludables, para las personas, los equipos y las organizaciones, que permiten ser contemporáneos, es decir, responder mejor a los desafíos de la actualidad, de la época en la que nos desenvolvemos. Incluso para las grandes crisis, por la rápida adaptación al cambio, ayuda a la potenciación de modelos colaborativos, tecnológicos y paradójicamente, más humanos.

Hábitos de implosión agile

Observemos algunos **hábitos saludables** propios de la implosión agile según les proponemos denominarla:

- Armar equipos pequeños y multidisciplinarios según el desafío a encarar o el problema a resolver.
- Reunirse todos los días 15 minutos para revisar que se hizo ayer, que se hará hoy y que necesito del otro para ser más efectivo mañana.
- Planificar en períodos cortos y rítmicos para que el equipo aprenda y ejecute de manera acompasada.
- Entregar valor en cada período, no esperar hasta el final sin cuestionarnos si vamos bien.
- Aprender más rápido de los errores a través de los momentos de reflexión semanal.
- Suprimir jerarquías y roles, evitar toda estructura que no sume valor y todo aquello que sea grasa, dejando solo la carne sobre la mesa.
- Gestionar los egos y el liderazgo tradicional, para dejar operar a los equipos de manera autogestionada.
- Entregar valor concreto y de alta calidad tempranamente, antes que entregar productos y proyectos terminados.
- Generar confianza y colaboración por sobre competencia y velocidad.
- Propiciar redes colaborativas antes que pirámides jerárquicas.
- Fomentar la comunicación de todos con todos, en células y en red.
- Fomentar la evaluación en períodos cortos y por la persona y el equipo que está mejor posicionado para evaluar.
- Habilitar herramientas tecnológicas para la gestión del desempeño y el reconocimiento instantáneo.
- Propiciar los espacios cara a cara o en su defecto, reuniones sincrónicas de todos conectados por la misma herramienta al mismo tiempo.

La rapidez del pensamiento agile será eventualmente una resultante posible, ya que lograr el doble de resultados en la mitad de tiempo, implica reducir los períodos temporales para la entrega de valor. Sin embargo, el doble de entrega podría implicar mayor cantidad y calidad en los resultados y será resultado de una mejora incremental, de un aprendizaje en equipo, donde las mismas personas irán viendo su propio desarrollo mediante la aceleración y la mejora en la calidad.

Valor de la explosión agile

¿Quién no querría experimentar la explosión agile?, ¿no es explosivo tener el doble de resultados en la mitad de tiempo? (la pregunta retoma textual el nombre del libro de Jeff Sutherland, "Scrum: El Arte de hacer el doble de trabajo en la mitad de tiempo").

Sin embargo, nada más triste que ver escenas de personas en las organizaciones implementando reuniones diarias porque alguna disciplina japonesa de moda o un jefe fanático de un libro de lectura de vacaciones lo dice.

La explosión agile es un enfoque holístico, un modo de ser, un acto de fe consciente basado en la evidencia de los resultados. Cuando alguien pregunta el porqué de la agilidad, la respuesta más simple es porque es más productivo.

Quince minutos diarios valen más que 3 horas mensuales, porque entregan más valor, lubrican las conversaciones del equipo y construyen un ritmo que acompasa el cumplimiento gradual de los resultados.

Con dicha lógica decimos que todas las rutinas ÁGILES practicadas a conciencia construirán entornos más productivos, con personas y relaciones más saludables, transparencia y evidencia accesible para todos.

Las crisis y los momentos límites son excelentes instancias para implosionar, porque aquella explosión violenta a la que llamamos crisis nos cambia sin preguntar, sin pensar. Pero todo aquello que se derriba en una crisis, en gran cantidad de ocasiones, venía destinado a caerse, como el trabajo presencial y por horario en tareas relacionadas al conocimiento y la tecnología, como las estructuras de roles estancos para el control presencial en tareas digitales, del mundo del conocimiento, o sea, las que no requieren control y supervisión visual como las tareas repetitivas y manuales de línea producción tradicional.

La agilidad no necesitaba una crisis ni una explosión externa para implosionar, ya estaba instaurada en diversos espacios, desde el desarrollo de Software hasta la gestión de recursos humanos, la consultoría o proyectos ingenieriles, comerciales, de mejora, de innovación y startups.

Desoír la agilidad es como querer tapar el sol con la mano. La implosión aún depende de nosotros mismos, porque hasta el más exitoso músico puede hundirse tocando en el Titanic, es decir, muchos pueden morir siendo jefes y dando órdenes a los gritos, en modelos tradicionales y piramidales innecesarios, sin abrazar el cambio y sin abrazar la agilidad.

¿Vas a decidirte a ser más ágil en tu vida cotidiana? Y si así lo hicieras, ¿lo harás por moda o por convicción? ¿Por qué te animarías a hacerlo distinto?

En el caso que te decidas, no lo decidas rápido, porque si te quedaban dudas, agilidad y rapidez no son sinónimos en lo más mínimo y a sabiendas que la **agilidad es hábito, es rutina y es disciplina** y los latinos somos férreos enemigos de todo eso, mejor que estés preparado para un cambio en serio, de verdad, una **implosión AGILE**.

Casos de éxito "en gestación"

Aquí veremos otros ejemplos de estilos conductuales y de personalidad que favorecieron cambios para los autores del libro y para otros emprendedores cercanos a Ariel y Mariano que aquí se mencionan.

Estos casos ilustran actitudes de diversos emprendedores y empresarios que evidencian la psicología del cambio subyacente, como así también, actitudes, rasgos de personalidad, intensidad y combinación de estos a la hora de desafiar el statu quo, el cambiar o el sobrevivir.

Ágora global

Ágora Global es un emergente de la psicología emprendedora actual. Cuando Ariel decide emprender, lo hace pensando en una agrupación por afinidad de intereses, donde el todo claramente supera a las partes, pensando desde la abundancia y en el bien mayor desde el momento fundacional de la organización. Donde nadie está obligado ni por contrato explícito legal o de empleador y empleado, ni contrato explícito de horas, esfuerzo y resultados.

Ágora Global es una redarquía de profesionales (Cabrera, José, 2014. Redarquía —Más allá de la Jerarquía— es un cambio frente a las estructuras tradicionales y es una apuesta de Ariel a los modelos organizacionales emergentes que él enseña desde la Universidad Di Tella. Ágora se creó en Buenos Aires, Argentina el 03 de mayo del 2019, nació con 20 miembros y al año ya eran más de 70. Diez de los miembros ya residentes en Paraguay, Uruguay, Colombia, Panamá, España y USA.

Cinco de sus miembros ya publicaron más de 10 libros en formato papel y digital bajo la plataforma Amazon, es decir, en tiempo récord pasaron demasiadas cosas potenciadas por un formato novedoso, un cambio de mindset gerencial para llamarlo de algún modo, aplicado a la estructura organizacional.

Cuenta con células ágiles de 5 a 10 profesionales enfocadas en la investigación y desarrollo de productos y servicios para ofrecer valor, desde temas ligados a la bioenergética organizacional, la sustentabilidad, empresas B, hasta como mejorar la experiencia de los usuarios en la cadena de valor y la digitalización de los procesos de negocios.

Se cruzan intercambios entre ingenieros provenientes de la industria del petróleo con una astróloga y nutricionista que ayudan a observar las organizaciones como organismos vivos y complejos.

¿Será ese el secreto de la mística que se ha logrado en un año de operaciones? ¿Tendrá que ver con que se respetan los ritmos de cada uno, identificando los talentos e invitando a trabajar en las células donde confluye lo que le gusta y mejor sabe hacer cada miembro?

Con un canal de YouTube donde a través de webinars se tratan temas de actualidad, es un espacio desde donde cada miembro prepara su material, se acuerda el guion editorial y "salimos al aire". Acciones planteadas desde una mirada generosa y gratuita para la comunidad en la etapa de pandemia, para que el acompañamiento emocional tan necesario en las organizaciones no sea impactado por la falta de presupuesto.

Es algo único que nos sorprende, un cambio radical en el modo de encarar los negocios, el trabajo en sí y la organización social. Ágora se inició como un grupo de profesionales freelance para compartir mejores prácticas con clientes y aprender unos de otros. En el camino Ariel identificó 4 socias que hoy son parte del equipo, una empresa con más de 10 clientes estables, y abierta al mundo.

El anhelo del fundador es mantener a rajatabla que los egos sigan siendo pequeños, trabajar desde la abundancia en la cocreación de oferta de valor al mercado, que cada uno vibre con lo que desarrolla, ayudar a que otros crezcan desde su marca personal, saber vender y venderse, publicar más libros, que sea un útero que acompaña la reinvención de personas, ya sea que provengan del mundo corporativo, del sector público o de alguna OSC (Organización de la Sociedad Civil).

Ariel, que es contador público reconvertido a temprana edad a temas con fuerte vocación humanística, que trabajo en multinacionales desde hace casi 20 años, 3 veces fue funcionario público de 3 gobiernos diferentes, se formó en el exterior, en Harvard, en temas de administración y gestión de los recursos humanos, y que emprende hace más de 12 años; sostiene que en esta nueva experiencia emprendedora puede potenciar sus ganas de liderar equipos, hacer docencia, ver crecer a otros, producir contenidos de valor y seguir viajando por el mundo a través del crecimiento global de la organización.

WAI – Change Riders

WAI es una empresa de Transformación organizacional basada en datos, no tiene empleados más que sus dos dueños. Nicolás es Licenciado en Relaciones Internacionales, empresario formado inicialmente en el mundo corporativo, aunque para Mariano (coautor de este libro y socio de Nicolás) no es así, ya que lo apoda socarronamente SOMISA (Sociedad Mixta Siderúrgica Argentina), puesto que Nicolás nació y se crió en el barrio SOMISA de San Nicolás, con la sirena del cambio de turno a las 6 AM que no solamente despertaba a operarios, supervisores, sino que a todos los habitantes. Impronta de laboriosidad y disciplina que aun ostenta hoy, y reafirma Mariano a través del humor, humor que esconde la verdad de los emprendedores que se despiertan 6 AM con la rutina del mate, y se duermen pensando y soñando con el fallido de hoy o el proyecto de mañana.

Hablemos un poquito de Nicolás, como un ejercicio para seguir adentrándonos en la psicología del emprendedor serial.

Nicolás se mide con sus propias herramientas (fue el referente de Thomas en Argentina y es el CEO de Thomas Chile) con lo cual intenta agrandar su autopercepción lo cual le facilita hablar de él en un tono profesional mediatizado por datos, gráficos y herramientas de medición conductual y personalidad confiables y válidas.

Mariano, licenciado en Psicología con más 10 años de experiencia clínica previas a dedicarse de lleno a Organizaciones, trata de encasillarlo con los datos que él intuye, incluso los que infiere que a Nicolás le cuestan observar de sí mismo.

Nicolás es determinado, terco, obstinado (con lo bueno y lo malo que ya explicamos en este libro). Va hacia un objetivo porque cree que es lo correcto, y no se deja fácilmente amedrentar con datos que lo contradigan. Es realista y puede cambiar de rumbo si lo convencen, o si aparecen datos concluyentes, ya que es objetivo y atiende las normas y las buenas prácticas. Esto significa, que a pesar de ser asertivo y perseguir tenazmente un objetivo, es un radar respecto a los datos y puede recular frente a datos objetivos y concluyentes que marcan un cambio hacia un nuevo rumbo. Es competitivo, con lo cual le resulta natural compararse, y en la comparación aprende.

Nicolás busca en la creación de WAI cambiar el modo de hacer las transformaciones, apalancada en sus socios, complementándose. Nicolás aporta la fuerza para encarar asertivamente el cambio, sin rodeos, resaltando la comunicación y verbalización de conceptos y emociones potenciados entre sí. Es comunicativo, se le da bien hablar en público, convencer, y algo muy distintivo e interesante que tiene, es que disfruta de confrontar, o sea, no le da escozor entrar en una discusión, sino que, al contrario, dicha discusión suele alimentarlo y ayudarlo a crecer y a mejorar. Cuando el cliente se pone tibio, él tiene la vocación de ir por todo, de ir a fondo. Esa vocación transformadora de la terquedad y las palabras bien dichas es clave para el cambio, en todo proceso de cambio, individual u organizacional.

Puede desgastar a otros con su exigencia, pero esto le ha servido como auto exigencia y disciplina para progresar, para no caer, termina siendo una muleta para el que no se puede mover, un ruido de despertador fuerte para el que duerme, la sirena de SOMISA es un legado ancestral que el obsequia generosamente a los otros.

Es disciplinado en sus rutinas comerciales aprendidas y enfatizadas por su personalidad, llama mucho a los clientes, los sigue, los ayuda, les habla, es social. Comenzó su carrera corporativa en Michelin, en el área comercial, luego emprendió con un socio en una cadena propia de Restaurantes de sushi, para virar años más tarde, hacia la representación de una firma inglesa de herramientas digitales para la evaluación y potenciación de personas, equipos y empresas a partir de datos. Aún hoy, representa en Chile dicha empresa, mientras que en Argentina se asoció en el 2019 con Mariano Vinocur.

En busca de la complementariedad

Mariano es Psicólogo de la UBA en el ADN, deformado en negocios luego, certificado en diversas metodologías como HUCMI, SCRUM, Scrum Scale, es diverso, expansivo, algo caótico, de los que tienen método, pero es "**Su**" método. El método Vinocur lo titula no solamente Nicolás, sino algunos otros amigos y coequipers como Guido, que actualmente es Gerente de Olivia con funciones en Argentina y Brasil.

La gente que tiene "Su" Método es ideal en líneas generales para empujar el cambio. Poseer la competencia de amar lo nuevo, de preferir la variedad antes que la estabilidad es un don muy preciado. Incluso Mariano es de esos, que en momentos de indefinición o incertidumbre que otros odian, se mueve con facilidad siendo el pez de esa agua.

Escritor, comerciante, con historia familiar en el mercado asegurador, ese es un karma que no solamente lleva, sino que vive a diario ya que siempre ha apoyado el bróker familiar que ahora prácticamente lidera y en el que está gestionando Cambios Radicales, pero por definición, y volviendo al subtítulo que pusimos "En búsqueda de la complementariedad", Mariano y Nicolás son complementarios para WAI, algo de caos, expansión y desorden, creatividad innovación y experiencia en gestión del cambio apoyado y combinado con datos, celeridad, disciplina y sacrificio. Esa es la semilla de WAI, la mezcla, la combinación de líquidos que arma esa agua en movimiento, esa agua del mar, que significa WAI.

WAI es una empresa, y una empresa es mucho más que sus socios, o aspira ser mucho más, porque ese es el norte de toda empresa, una organización contemporánea sea una S.A. o una SRL o un conjunto más o menos formal de voluntades, debe poseer una mística, prácticas y propósitos que sean mucho más que la suma de los socios. Eso que en WAI se da de entrada, es un punto de llegada para muchas empresas que necesitan cambiar, o sea, llegar a ser una empresa y definirse como tal.

WAI significa agua en las lenguas del mar pacífico (Hawái), es agua en movimiento, el agua que fluye, la fuerza del mar, de las olas, pero también la disciplina para surfearlo y gozar de ese movimiento. Nicolás y Mariano compartían desde siempre el amor por el mar, por estar encima del agua montados en la ola tratado de mantenerse a flote, en velocidad y cambiando. Comparten también la pasión por la gente, el foco en lo humano.

Los clientes de esta joven startup provienen de la red de relaciones primarias, de lo que Nicolás y Mariano han construido hasta hoy, y de la combinación que transmiten hacia afuera, en una explosión dinámica, flexible, pero a la vez rigurosa en datos, para la toma de decisiones asertiva, y la vocación de hacer lo correcto. Aunque duela, aunque cueste, incluso aunque cueste perder clientes si **no quieren cambiar** cuando la evaluación indique que lo requieren o no están motivados a hacer realmente el cambio que dicen querer hacer.

WAI es una empresa de Cambio y Transformación y esto refleja un modo de estructuración de la psicología del cambio. Hace 20 años era inimaginable que existiesen empresas especializadas no en capacitación o Recursos Humanos, sino en el CAMBIO Y TRANSFORMACIÓN de las organizaciones como por ejemplo Olivia, Together Business Consulting, empresas en las que Mariano fue Director y dejo su semilla y recogió frutos. WAI es evolución, y es un modo de ver el cambio que de alguna forma el que leyó este libro, ya lo entendió. A eso Mariano y Nicolás le dicen con humor WAI Way.

VICO Wine Bar

Fernando es el socio fundador de VICO Wine Bar junto con Gabriela (que es la hermana de Mariano) y tomamos prestada parte de su psicología ya que podría denominárselo con lo bueno y lo **peyorativo** del caso; un emprendedor serial, o dicho de otro modo para explicar el motivo de dedicarle algunos párrafos: es un fanático del cambio.

Hace más de 15 años dirige una distribuidora de vinos y spirits.

A Fernando le aburren los mails largos, leer informes, sin embargo, es totalmente numérico sin dejar de ser intuitivo. No muy permeable a las evaluaciones ni el **humo** de los abordajes de moda, quizás según nuestra definición, no pasaría los psicotécnicos para ningún puesto corporativo. Eso lo hace un jugador diferente, un **emprendedor**.

Conversando con él aparecen rasgos, definiciones, insights, no solamente de su personalidad como una foto, sino de sus acciones durante los últimos 3 años de la Argentina, plagada de crisis, problemas, trabas, sobre las que alguien intenta con mayor o menor fortuna, crear valor, empresas, negocios, surfear las olas y mantenerse a flote.

Con lo cual nos salimos de los trillados casos de éxito para meternos en los casos reales con los cuales sentirnos espejados, y desde allí extraer otro tipo de aprendizaje, por imitación, por reflexión o por diferenciación.

Recuerda Mariano, cuando un querido colega y destacado jugador del ámbito educativo, Manuel Sbdar, escritor de más de diez libros y Líder de MATERIABIZ, se ofuscaba cuando veía en los eventos motivacionales corporativos que hablaba Galperín de MercadoLibre o un socio de Globant. La razón de su incomodidad con este tipo de oradores es que sabía que eran brillantes, pero eran uno en un millón, y él prefería traer a gente común que día a día lograba sin nada o con muy poco, cosas extraordinarias.

Esa motivación llana, de buscar referentes cercanos, colaborar con amigos, hacer subir al estrado a emprendedores comunes y gente de la que podemos aprender a diario la rescato Mariano también de Jonathan Loidi, coequiper en otro libro y emprendedor Multicereal, o sea como una galletita mágica capaz de hacer 100 empresas a la vez, un genio del emprendimiento serial, que no se cae con nada o casi nada. Los emprendedores que cambian suelen buscar gente con la cuál cambiar de la mano, potencian a otros casi sin proponérselo porque saben que esa es una de las claves para potenciarse a sí mismos. En esa serie Mariano ubica a personas como Manuel y Jonatan, colegas, amigos y mentores.

Regresando a Fernando de VICO Wine Bar, él es traído a este libro como un ejemplo entre muchos y su personalidad, actitudes y pensamientos nos regalan un espejo interesante para intentar reflejarnos y capturar aprendizajes. El opina que una misma crisis o un mismo esquema de crisis no aplican a dos empresas por igual, aunque sean de la misma industria, mucho menos a dos personas que las fundaron o las lideran. La macro es compleja, pero la implosión que se produce en la relación entre la macro, el ecosistema de negocios y lo psicoemocional del emprendedor, el carácter, su autopercepción o incluso y peyorativamente su EGO con mayúscula determina tanto o más el resultado que el contexto. En palabras de este libro, la implosión para Fernando es más importante que la explosión a la hora de los resultados. Las crisis determinadas por sus socios son más peligrosas que el embate del exterior.

Para él, y según sus aprendizajes de la experiencia y los golpes, el salvoconducto o la forma de crecer y mantenerse vivo en las crisis o cuando las cosas se caen, es que las organizaciones tengan un nivel de madurez, muy por encima de sus dueños. Que existan las organizaciones más allá de sus fundadores y dueños. Incluso en los ciclos de bonanza esa madurez organizacional permitirá implosiones creativas, innovaciones ordenadas absorbidas o no por la estructura que ya vive independientemente de los socios, porque el ADN creativo de los socios también puede destruir las organizaciones, por ejemplo, hacia un crecimiento descontrolado, una explosión mala, una proliferación de emprendimientos en paralelo incontrolable para la salud de la empresa.

Es el emprendedor el que tiene más chances de destruir lo creado, más chances que las propias crisis externas.

Incluso en las crisis, todo lo que se ha creado mal, improvisadamente, los procesos y controles que faltan, la gente mal contratada, los perfiles que se alejan de los requeridos, son los que amplificarán el hongo explosivo, o sea, con las crisis se verán exponencialmente aumentados los errores que a su vez en casi todos los casos se cuantifican tardíamente desgastando aún más la rentabilidad o generando pérdidas sin saber siquiera que existen, hasta que ya es tarde.

Una organización inmadura es lo que generará la implosión mala, la autodestrucción, no será el afuera, será el adentro.

Un aprendizaje que Fernando, según conversamos, necesita transitar es el de la delegación, la asociatividad, el rodearse con otros. Y lo más complejo para él, son las líneas gerenciales, los recursos más caros, los que paradójicamente y en un ejercicio de delegación o en un nivel más avanzado, de empoderamiento, requieren más tiempo del socio fundador.

Delegar es trabajar MÁS decimos nosotros, no es trabajar menos, es trabajar más. Es mentira que la organización crecerá a partir de una rápida adquisición del talento, ya que luego de la adquisición viene un trabajo codo a codo que lleva tanto tiempo como el que se necesite, que siempre es mayor tiempo que el que da el mercado, porque se abrió una oportunidad de crecer, o porque llegó una crisis para afrontar.

Crecer y cambiar es una decisión del socio fundador con lo cual, Fernando se anima a recomendar: *"**No crezcas más del compromiso que uno mismo puede asumir para desarrollar una estructura de personas y gerentes que guíen ese crecimiento. El cambio y el crecimiento deben ser responsables, sobre todo no deben dañar todo lo que está bien hecho**".*

Sus palabras le hacen recordar a Mariano cuando certificó en la metodología Scrum Scale con las excelentes instructoras de Scrum Inc, de la Consultora BK en Argentina, Paula Kvedaras y Ana Victoria Bardoneschi. Ellas le enseñaron en conceptos técnicos y metodológicos como escalar la AGILIDAD a nivel Organización completa y recuerda la definición más vívida muy en línea con lo que dijo Fernando:

"Si implementaste la Agilidad con errores en los primeros tres proyectos, con vicios, con excepciones, con improvisaciones, cuando escales a toda la empresa, escalarás también todos esos errores, junto con la AGILIDAD".

El escudo contra las crisis es tener una buena base, y eso no solamente es la tecnología o los procesos que soportan la operación, sino un buen plantel de personas, buenos líderes empoderados. No es el dueño la clave de la supervivencia diría Fernando, sino que la empresa tiene que existir más allá del dueño, con su propio sentido y propósito, sus objetivos empresariales, su cultura.

Incluso surge una reflexión acerca de la gente, que estará motivada a generar en su vida y su entorno cierta estabilidad de procesos, procedimientos, políticas que le den continuidad y previsibilidad a la empresa y un propósito estable a cada persona. El incómodo será el dueño, el fundador, quien querrá cambiarlo todo y a veces hacer esos cambios todo el tiempo, y está bien, esa es la complementariedad ideal y natural de roles entre dueños y empleados o entre socios cuando los haya según sea una empresa tradicional, los que buscan el cambio no deben atacar a los que buscan la consolidación en procesos y buenas y mejores prácticas. Se necesitan ambas miradas para sobrevivir y perdurar.

Por último, en la conversación surge algo interesante acerca de la innovación, que los que trabajamos en transformación venimos sabiendo, pero no lo decíamos con la crudeza de un dueño que juega con su capital. La innovación y el cambio radical no tiene que surgir del capital de trabajo, ni humano ni económico. No necesitamos mezclar lo que está andando bien con lo nuevo, porque lo nuevo genera caos y enrarece los negocios y estructuras maduras. Para Fernando es su última regla de oro: incubar la innovación fuera de las estructuras y los negocios que ya alcanzaron esa fase de armonía que a muchos emprendedores después de un tiempo lo desenamoran y aburre.

Las primeras grandes crisis ayudan con frecuencia, en forma cruda y angustiante, a encontrar más rápido el equilibrio interno para no perder el espíritu de crear valor, trabajo y nuevas tecnologías, pero sin destruir o poner en riesgo a la empresa frente a la siguiente crisis.

Esto que vale para la persona que emprende, vale paradojalmente para las grandes organizaciones en las cuales, escalar el cambio masivamente a toda la estructura no solamente falla, sino que resulta muy costoso cuando no vamos por el camino adecuado.

Epílogo

La psiquis, la conducta, la actitud, habilidades, el propósito. El cambio, la implosión, el estrés, la transformación. Y el éxito. Bien podría tratarse de las estaciones de un viaje imaginario de cualquiera, desde su mundo irreal hacia el más allá de lo concreto y palpable.

Animate a Cambiar tiene la valentía y el poder de transformar los sueños en realidad. Y que ese alguien, anónimo, tenga definido su nombre único: Emprendedor. Y que ese viaje tenga dos guías de lujo, como Ariel y Mariano, quienes con mucha claridad y calidez van marcando los pasos, le ponen tonos y colores a un recorrido que bucea en las profundidades de las diferentes etapas de quienes deciden patear el tablero y hacer un cambio. Y comenzar a emprender.

Desde sus primeras páginas quien decida emprender dispondrá de herramientas muy valiosas para atesorar como su kit de viaje. Hay una misteriosa fuerza interna, un fuego sagrado que todo emprendedor lleva internalizado. Lo suelen atravesar las ganas de crecer, de desafiarse, de libertad, pero también, a través del desarrollo de nuevas capacidades que se necesitan, como la espera y la actitud colaborativa, para desplegar y potenciarse junto con otros.

Cuando se plantea un cambio es importante establecer el propósito y también definir las etapas de su implementación. El propósito es el faro que nos orienta en el camino. Es descubrir el sentido del para qué hacemos lo que hacemos. Y esta dupla narradora tiene bien claro cuál es su propósito, y porqué lo hacen. Lo desmenuzan en etapas, lo explican, lo detallan. Lo hacen cercano y útil.

Como en todo viaje, a veces surgen imprevistos. Algunos controlables y otros no, que impactan. Hay nuevas realidades que motivan un cambio radical, donde la implosión y la explosión aparecen para adueñarse del momento. Saber plantarse y hacerle frente, capitalizarlo positiva o negativamente. Estas situaciones pueden provocar consecuencias de alto impacto en nuestra salud. Es allí donde ponen a disposición del lector otro valioso kit, sobre el estrés y cómo gestionarlo.

Y en el recorrido final de este viaje que Ariel y Mariano nos proponen, encontramos herramientas, metodologías ágiles que pueden ayudar y el análisis de casos de éxito frente al cambio. Los emprendimientos seleccionados aportan valor, interpelan e inspiran a seguir en el camino.

Animate a Cambiar es una lectura indispensable para todos aquellos que deciden dar el salto y también para quienes ya lo estén haciendo. A la vez, un estímulo fascinante para animarse a cambiar, a crecer y a seguir aprendiendo. Porque cada viaje de un emprendedor es único e irrepetible. Como este libro.

Lorena Marino

Directora de Crear Valor Juntos

Sobre los Autores

Mariano Vinocur

LinkedIn: *http://linkedin.com/in/marianovinocur*
Blog: *http://mvinocur.blogspot.com/*
Instagram: marianovinocur
Facebook: Mariano Vinocur

LinkedIn WAI:
https://www.linkedin.com/company/waichangeriders/
Instagram WAI: waichangeriders

Facebook: Wai-la

Mariano es experto en Change Management, Cambio Cultural y Transformacional Organizacional con una amplia experiencia nacional y regional en Gestión de Proyectos de Transformación.

Es Licenciado en Psicología de la Universidad de Buenos Aires y cuenta con una vasta formación: Posgrado en Desarrollo Organizacional, MBA ITAE– España, Certificado en técnicas conductuales – Thomas Inc. – HCMBOK Certified Professional- Scrum Master, Scrum Scale Practitioner (Scrum Inc). Además, es Docente en Cursos de Postgrado y Maestría en la Maestría en Gestión empresarial de la Universidad Nacional de La Pampa, MATERIABIZ, UCES y UAI.

Es Socio Director de WAI, empresa de transformación basada en datos con operaciones en Argentina y Chile. Emprendedor y multifacético, ha trabajado en firmas Nacionales e Internacionales en posiciones Directivas como Olivia donde fue Director de Consultoría, Together Business & Consulting como Director Comercial, y de la firma Internacional BDO, empresa en la cual formó su perfil consultivo desde posiciones Seniors hasta la Dirección del área Soluciones en Recursos Humanos y Organizaciones.

Su formación como Psicólogo clínico fue mayoritariamente a partir de su trabajo en el Centro de Estudios de la Depresión y Ansiedad y la Clínica villa Guadalupe, bajo la Dirección y supervisión del Dr. Eduardo Kalina.

Se caracteriza por su enfoque innovador, flexible y pragmático para visionar proyectos, estructuras, equipos y su despliegue en cambios y transformaciones las cuales acompaña y acompañó a través de los años como los casos del grupo SMG en Argentina, el área de Tecnología de YPF, el Grupo KFC de Ecuador, el Banco de Córdoba en todos sus proyectos SAP y no SAP.

Es hincha de Atlanta, y también de Racing. Ex basquetbolista, Campeón en Atlanta 1986, A.A.A.J 1987, cocinero, padre, novio, exmarido, hijo, PAS (acrónimo para expertos en Seguros).

Su carisma lo convierte en un orador encantador de eventos, charlas y congresos. Además, es escritor de la novela "No te separes" y autor de diversos artículos de interés profesional y periodístico.

Ariel Castiglioni

LinkedIn: http://linkedin.com/in/arielcastiglioni

Instagram: castiglioniariel

LinkedIn Ágora Global:
https://www.linkedin.com/company/14007301/admin/
Instagram Ágora Global: agora_global

Ariel es experto en Desarrollo Organizacional y Directivo y Contador Público (UCA). Realizó una especialización en Estrategia y Planificación Organizacional en la Maestría de Negocios Internacionales (ENPC-Francia/UB). Se especializó en Gestión de Recursos Humanos en la Maestría de Administración Pública de la Escuela de Gobierno de la Universidad de Harvard.

Tiene una larga trayectoria en posiciones de management en empresas privadas (IBM, Shell, SAP), públicas (GCABA, EDUCAR.AR, ANSES) y OSCs de Latinoamérica y EEUU.

Actualmente es docente de Gestión del Cambio y Liderazgo en la Escuela de Educación Ejecutiva de la Universidad Torcuato Di Tella y CEO Fundador de Ágora Global, redarquía de profesionales vinculados al capital humano que crea en equipo soluciones ágiles para organizaciones.

Fue Director Ejecutivo del Centro de Desarrollo de Liderazgo (CDL - ITBA). Ha desempeñado el rol de HR Business Partner en SAP, Director de Gestión de Talento para Amanco Latinoamérica, Gerente de Cambio Organizacional para Shell, consultor en Capital Humano en IBM, Director de Operaciones del Portal Educ.ar y consultor de negocios y procesos en Price Waterhouse & Co. Fue cofundador, codirector y docente del Diplomado en Liderazgo del Centro de Desarrollo de Liderazgo (CDL - ITBA).

Su capacidad y tenacidad lo afianzaron como autor de libros y artículos profesionales: "Educación y Nuevas Tecnologías: ¿Una Moda o Cambio Estructural? (Veredit), "Rejerarquizando La Educación Terciaria: Aportes Alternativos para una Mejora" (Fundación Grupo Sophia – Deloitte&Touche). Publicó el libro "Desarrollando Líderes" junto a los fundadores del Centro de Desarrollo de Liderazgo del ITBA – Ed. Temas (2012). Es autor del libro "Humor y Management" publicado en Amazon Kindle (2018) y coautor de "Etapas Vitales ¡Agradece tu pasado, vive tu presente y desarrolla tu futuro!, publicado en Amazon Kindle (2019).

Padre de Tomas y Mateo.

Agradecimientos

Mariano Vinocur

Primero que a nadie quiero agradecer a Ariel Castiglioni, por acompañarme en este libro, que hoy llega hasta ustedes.

Agradezco a mi familia, mi hermana Gaby, mis sobrinos y sobrina, y en especial, a mi mujer Ailen Scali Palaoro, a mis hijos Renata y Justo, a mi padre Roberto, que hoy aún me aguanta, y a mi mamá Rosa, que hace un tiempo se nos fue, pero me inculcó el gen del estudio, el amor por la lectura y el conocimiento. A mi cuñado Fernando que aparece en el libro, a mis primos y primas con los que a veces converso y empujé varios emprendimientos y que, en el acierto y el error, me ayudaron a aprender.

Agradezco también a quienes me enseñaron a mirar para adentro con calidad; a mi compañero de la Facultad Alejandro Chévez, a María Noel Otero, Cecilia, Karina y Myrna y a mis amigos de toda la vida Sebastián Rodríguez y Agustín Grunauer, junto con el Tano y Daniel. Al Sardo Enrico Vagnoni de Sassari, Claudio de Stintino, Ika, a Gabriele, Davide, Mario. A Serena y todos los que me reciben en Italia como mi segunda casa. A Moni Camean y a los docentes y terapeutas que fueron señalándome una forma de aprender, observando con atención, con método la vida interna, tanto o más que como se observan los paisajes. En mi caso sería el mar, que es lo que más me gusta en el mundo, no cualquiera, el de Serdegna, el de la Pedrera y Santa Isabel, de Uruguay.

A Lorenzo Alfonso, el terapeuta que acompañó muchos de mis pasos y a otros guías, como Mónica Cullucar, a quien debo algún acierto y a Claudia Cortalezzi quién me guió en la escritura.

Agradezco a la Facultad de Psicología de la Universidad de Buenos Aires, a Materiabiz (A Manuel Sbdar, Diego Fainburg, Dani Elhelou, Diego Pasjalidis, Joni Loidi, Mariela Karp, Nata Berardoni y a tantos otros amigos, alumnos y docentes con los que compartí y comparto la pasión por enseñar, pero más aún por aprender, como Guido Olomudzski, Ale Lang, Nicolás Fischetti, mi Socio, quien también es mencionado en el libro. A Eduardo Girardi, Chivi Fernández, Ana Julia Boucher.

Soy también las cosas que atravesé, por eso agradezco a todas las Compañías de Seguros con las que interactué y a la gente que formó parte de ellas, a las empresas y personas con las que inicié mi formación, entre las que destaco al célebre Médico Psiquiatra Eduardo Kalina, a mi ex mujer María Valeria Giménez, Paula Jansen, a mis compañeros de esa genial camada en el Centro de Estudios de la Depresión y Ansiedad y en la Clínica Villa Guadalupe: Ariel, Alejandro, Alejandra, Flavia, Marcela, Aldo, Jerónimo, Joaquino, Marta, Susana Gutiérrez y tantos otros.

Agradezco a las empresas que me marcaron el camino, la gran guía sin dudas fue BDO, con sus socios Eduardo y Silvio Becher, Cynthia Cuculiansky, Pablo Silberfich, Claudio Doller, Carlos Rozen y tanta otra gente y compañeros fantásticos de ruta como Gustavo Seraci, Vanina Bloch, Martín Badaró, Santi Kladniew, Romi, Martín Colombo, Hugo, Betty, María Laura Trol, Flor Donati, Yamila Carrizo, Gonza Gumbau y los genios del área de BBT.

Mi carrera siguió luego en Together con sus Socios José Luis Aromando y Guillermo Ocampos, donde conocí a Ariel y a otros grandes como Gustavo Acha, a Olivia y sus Socios: Ezequiel Kieczkier, quién me llevó a trabajar con él, Alberto Bethke, presidente de la empresa, y Gabriel Weinstein, con quién conocí los conceptos y las herramientas de la exponencialidad, a María, Martin, Charlie y todas las excelentes personas que guían esa singular empresa.

De la fase Olivia tengo colegas y amigos para destacar como Carmen Militza, Rocío, Malena, Flor, Ariela, Jerónimo, Juli Franchi, Pao, Sabri, Sofi, Laura, Susana Fuentes y Lorena Baigorria, con quien vivimos muchas aventuras en BDO y en Banco de Córdoba, Metrogas y continuaron en YPF. María Victoria B, Viky, Paula, Juli Libonati que fue mamá hace poco, Ari, Belu, Naty, Mariana, Flavia, Marce, Cami y todos los de Olivia que no puedo listar por olvido ya que este libro pone de manifiesto el gran valor del inconsciente, y el olvido es una manifestación más de éste.

Agradezco a las empresas en las que fui consultor y me formé, y mi eterno agradecimiento a Pablo Donati de GE, Carlos De Palo y otras geniales personas de esa camada fantástica. La gente de Efectivo Sí como Marcela, Vanesa y Dolores con quién continué trabajando. De SMG agradezco a Gabi Francica, Eduardo Delpiano, Ale Salvareza, Miguel Blanco, Ale Lahitte.

De YPF son tantas las personas a las que quiero agradecer: Lorena Prieto y Mariana Rispoli, Jorge Monczor, Eugenio Ferrigno, Pablo Pulvirenti, Mariela Bellegarde, Adriana Ilgakojis, Ceci Ibarrondo, Marce Kenisberg, Coni, Ale Vidal, Caro Parrella, Ceci Petersen, Jorge Vellurtas y la lista es eterna, ex YPFeanos y amigos como Sandra Casella y gente que sigue en contacto, como Alexis Winer ahora en Amazon, Mariano Cuadrelli desde YPF, Leandro de Compañía Mega.

Especial agradecimiento a la etapa de transformación del Banco de Córdoba en la cual rescato la amistad con Guillermo Lesta.

Me vienen a la mente compañeros de ruta y grandes formadores como Omar Tarditti y de esa época, mi primera compañera de equipo en BDO: Andrea Scarano, la gente con quien he trabajado y seguimos trabajando, como Erica Guardiola, Natalia Alcaraz. A mi amigo Damián Medina ahora en Banco del Sol y a mentores que están siempre, como Gonzalo Fernández Mezzadra quien, de algún modo, me inició formalmente en el Change Management junto y a través de los proyectos de transformación para el área de TI de SMG aún liderada por Eduardo Delpiano.

Agradezco a María Valeria Etcheverry con quién realicé mi primer proyecto de Gestión del cambio tecnológico en un Broker de Seguros.

Debería escribir otro capítulo entero con agradecimientos hacia aquellos que nos formaron y ya no están. Rescato de esa lista hermosa y plena de recuerdos al Doctor Marcos Bernstein, Médico Psiquiatra y psicoanalista pero también, precursor de la psicología sistémica de Palazzolli y de Palo alto en Argentina, con quién realicé uno de mis primeros proyectos de Consultoría en empresa familiar.

Gracias a todos y cada uno de los que me acompañaron en este camino y fundamentalmente a los que no recordé. No me gustaría que se enojen por este involuntario o inconsciente olvido.

Quiero, y de algún modo se, que queremos con Ariel, que todos se sientan representados, especialmente quienes han colaborado y/o trabajado con nosotros siempre aportando en calidad humana y sabiduría a nuestro camino.

Ariel Castiglioni

Este año, 2020, me encuentro escribiendo mi sexto libro, en esta oportunidad junto a Mariano, un amigo y colega muy querido. Al momento de tener que escribir esta sección se me vienen decenas de imágenes, personas y organizaciones a mi mente.

Comienzo agradeciendo a Mariano por aventurarnos juntos en construir este libro cuya misión es la de motivar un cambio radical en las personas. Un cambio radical para crecer, para generar abundancia en sus vidas, para contribuir con valor, con propósito. Gracias por tu confianza en el proceso, y te recuerdo mi más profundo respeto y admiración por tu trabajo. Deseo que juntos ayudemos a implosionar a muchas personas y organizaciones con este material.

Quiero agradecer también a Ágora Global, la red de colaboración que cumplió un año en mayo de este año 2020, que con más de 70 miembros está produciendo significativos cambios en el proceso de colaboración y crecimiento. Agradezco principalmente a mis socias Karina Hejler, Natalia Castro, Zelmira Kroselj y Ximena Márquez, quienes, con su gran dedicación, corazón, y coraje, nos encontramos trabajando en un entorno ágil en una redarquía de profesionales. En este grupo quiero agradecer a todos los integrantes quienes nos acompañan día a día en este desafío de producir valor real, tangible, ágil e innovador.

En esta sección hago una especial dedicación a Cris quien es una gran compañera de ruta y madre de mis dos hijos maravillosos, Tomás y Mateo. Desde la organización económica y financiera hasta diseños de gráficos, marketing y un sinnúmero de acciones que este gran equipo me ayuda desde siempre, y para siempre.

Quiero agregar un profundo reconocimiento a mis padres Oscar y Nélida, mis hermanos Silvia y Hernán, mi cuñado Fernando y mi bello sobrino Tiago. A mis amigos, quienes con su soporte humano me hacen mejor persona cada día y me impulsan cada día a seguir mejorando.

También tengo la necesidad de mencionar a las instituciones académicas y a los clientes que confían en mi trabajo y me brindan su apoyo incondicional en cada paso que doy en el camino.

Me gustaría mencionar una gran cantidad de personas quienes me acompañan a cada paso, y en especial, a mi gran amigo Claudio González con quien escribí el libro "**Etapas Vitales** *¡Agradece tu pasado, vive tu presente y desarrolla tu futuro!*", a quien por su increíble dedicación agradezco haber llegado a este momento.

Gracias a todos los colaboradores que cada día me acompañan con las palabras, y a cada ser humano y organización que ha contribuido en mi proceso de implosión.

Palabras de colegas y amigos

El cambio necesita de fortaleza y coraje, también de originalidad, de creatividad para imaginar el futuro de muchas formas y además necesita tener la energía para ir en búsqueda de eso. Cuando digo todo esto ya se me viene a la cabeza el nombre de Mariano Vinocur. Con Mariano tuve la oportunidad de trabajar en proyectos magníficos, únicos; proyectos que aportaron cambios muy valiosos y significativos en la historia de empresas líderes y de su gente. Aportes bien enfocados y con la dosis precisa para procesarse en el momento adecuado. Creo que el cambio requiere de esa capacidad de visión, y requiere de gente que sabe lo que eso significa, porque ya lo ha vivido y lo comprende con la profundidad y en la medida necesaria para poder acompañar a otros de forma efectiva. Sin duda alguna, el solo pensar en la posibilidad de encontrar ese aporte, esa experiencia, en un libro, me resulta alucinante.

Juan Carlos Quiroz

Psicólogo egresado de las Universidad Católica de Quito, Ecuador. Socio y Director en Next Talent, ha sido Director de recursos humanos en Ecuador para grupo KFC, grupo Accor, MI Swaco/Schlumberger y profesor en diferentes universidades del Ecuador.

… … … … … … … … … … … ..

Sin duda, este libro invitará a danzar a los lectores entre la sabiduría y la calidez que caracteriza a los autores. Una alegría que elijan perpetuar sus mensajes hacia el futuro. Esos mensajes que tan llenos de experiencia y aprendizaje llevan con ustedes. Un placer tenerlos como colegas.

Sandra Casella

Coach empresarial con especialización en tecnología, CTO en una Big Four. Extensa experiencia en empresas y corporaciones nacionales e internacionales como YPF y Repsol.

… … … … … … … … … … … ..

El mundo respira CAMBIO y Mariano y Ariel son expertos en el tema. Tienen el recorrido, han transitado largos e interesantes caminos en la temática. Cuando están al frente de un taller, y esto lo digo porque los vi muchísimas veces, cautivan a la audiencia y eso, ¿por qué es?

A mi entender, es porque quieren compartirlo todo, absolutamente todo lo que han aprendido en cada experiencia, y a lo que hacen, además, le dan ese plus de la pasión, del corazón.

Ahora unidos de nuevo para escribir un libro y no veo la hora en la que todos podamos disfrutarlo, leerlo y transitar junto a ellos la aventura del cambio, en mi caso, una vez más.

Gabi Francica

Subgerente de Capacitación corporativa de la Dirección de Recursos Humanos de SMG. Es Licenciada en Psicología, referente y oradora en foros, grupos y eventos de Recursos humanos, Desarrollo y Cambio organizacional.

… … … … … … … … … … ..

Permitirnos la maravilla del cambio. Somos personas en constante evolución, creciendo, conectando con lo que nos hace bien, con lo que vinimos a aprender, transitar y transcender. Un libro seguramente que nos permitirá desde la psicología positiva *descubrir, construir y sostener nuestra mejor versión. Darnos la posibilidad de abrirnos hacia nuestro viaje interior para tener el coraje de vivir en esta vida más de una vida. No veo la hora de comenzar a leer este libro coescrito por dos personas que respeto una enormidad como personas y profesionales. #Serás tan feliz como insistas.*

Gilda Yezze

Gerente de RRHH y RRII – Compañía MEGA S.A. Larga trayectoria en la industria del petróleo en las áreas de desarrollo humano. Posgrado en Recursos Humanos en UCEMA y Licenciada en Relaciones del Trabajo de la UBA.

… … … … … … … … … … … ..

Mi primera reacción ante un proceso de cambio solía ser de angustia, miedo y hasta en algún punto enojo por una supuesta "insatisfacción permanente". Hoy lo veo como parte de la vida misma. La búsqueda constante de aquello que realmente nos apasiona.

Esta nueva perspectiva fue el resultado de un espacio de reflexión y planificación generado por el autor de este libro. Aquello me permitió ser protagonista de mi vida, conectando con mis verdaderos intereses y ejecutando asertivamente los pasos para llegar al objetivo buscado. Todo ello mientras disfrutaba del camino. Y no por ser un camino fácil, sino por ser el camino que conscientemente elegí transitar.

Gonzalo Estivariz

Broker de Remax Argentina. Larga trayectoria como funcionario del Gobierno Argentino, Ministerio de Desarrollo Social, ANSES, IVC-CABA, entre otras. Experto en temas legales-empresariales. Magister en Derecho de Universidad Austral y Abogado de la UBA.

Ariel es un distinto. Más allá de su probada formación académica y su vasta experiencia profesional en el inagotable tema del cambio, Ariel ayuda a recorrer las peripecias de un viaje de transformación alejado de fórmulas mágicas y verdades de Perogrullo.

Estoy segura de que su libro será una invitación a bucear en nuestra propia subjetividad, abriéndonos a nuevas preguntas y posibilidades impensadas.

Con su estilo único, la agudeza de sus reflexiones, su sensibilidad y particular entendimiento de las personas, Ariel logra, que quien se acerque a él, abandone cualquier pasividad para embarcarse en la aventura de diseñar su propio destino.

Romina Piñeiro

Learning & Talent Management Manager for Andean, México & CAC and South Cone en Takeda. Larga trayectoria en áreas de capital humano de la industria del seguro, Allianz, AON, Prudential, entre otras. Maestría en Psicología Cognitiva y Licenciada en Psicología de la UBA.

www.ingramcontent.com/pod-product-compliance
Lightning Source LLC
Chambersburg PA
CBHW071359210526
45465CB00001B/174